漫娱图书
SINCE BOOKS

古 人 很 潮 MOOK 书 系

古人很潮
公子世无双
长江出版社
漫娱图书

宗之潇洒美少年，举觞白眼望青天。
皎如玉树临风前。

目·录

壹 群星闪耀的时代·春秋站

006 古偶天团【总决选】

018 【宋玉】我的偶像是屈原

024 【宋文公】因帅得国的美丽传说

027 【公孙子都 VS 卫武公】谁是《诗经》里的头号男神？

033 《诗经》教你一秒钟点满夸人技能

叁 超级美男之特殊技能

090 【智慧担当·周瑜】江东风流美丈夫

096 【武力担当·赵云】乱世美少年，绝地孤胆英雄

104 【风度担当·褚渊】公主求而不得的男人

112 【恬然担当·王维】此心安处是吾乡

118 【痴情担当·纳兰性德】人生就是不断恋爱再失恋

124 揭秘·三国里帅气美男大盘点

130 新词必学

乱世中的坚守·魏晋站

038 【主题稿】动荡百年的魏晋时代

046 【嵇康】千古风流成绝响

052 【阮籍】对酒当歌，人生几何

058 【潘安】卷入纷争的美男子

064 【慕容冲】传奇的人生不需要解释

070 【高长恭】能征善战的面具王者

076 【韩子高】被演义化的少年将军

082 世说新语八周刊

肆

超级美男夏令营

144 【诗词篇】如何当一名集才华和颜值于一身的美男子？

154 【书画篇】美男晋级之路

164 【服饰篇】穿衣服也有讲究？教你一秒变身型男

170 【熏香篇】当一位讲究的型男，熏香了解一下？

176 【雅乐篇】琵琶？笛子？美男应该学的乐器有哪些？

188 【茶酒篇】饮酒跟喝茶，美男离不开它

198 【甜言蜜语篇】如何正经地夸美男子？

203 猜心测试：谁是你古代的男朋友

举办方 宇宙时空局

活动时间 二一八五年六月

快来pick你喜欢的选手

恭喜你，幸运地参加了此次由宇宙时空局举办的『古代版偶像101天团』总决选活动。这次活动，旨在让未来的人类一睹名士之姿，围观美男风采，当中人气最高的一位将成为当之无愧的美男C位。

下面这些迷倒万千少女的偶像，你PICK哪一位？

GU OU TIAN TUAN

101 ZONG JUE XUAN

古偶天团

总决选

一號選手
公孙阏/公孙子都
春秋时期郑国公子
先秦No.1美男子
有人说他温文尔雅，有人说他心狠手辣
《诗经》中的大众情人，行踪成谜的神秘美少年
【个性签名】这样的我，你怕了吗
【代表事迹】暗箭伤人

二
二號選手
宋玉
战国时期宋国公子
写赋奇才，不靠脸蛋吃饭
母胎单身，只是因为沉迷于创作
【个性签名】屈原大大我是你的小粉丝
【代表事迹】宋玉东墙

二號選手

子鲍/宋文公

宋国国君

外表美而艳，其实是个正经人

师奶杀手第一人

【个性签名】君子有所为有所不为

【代表事迹】因帅得国

四號選手

嵇康

三国时期曹魏人

『竹林七贤』颜值担当，C位领袖
打铁达人，德智体美劳全面发展
看起来像出尘不染的谪仙人，其实不太喜欢洗澡

【个性签名】……

【代表事迹】广陵绝响

五號選手

阮籍

三国时期曹魏人

『竹林七贤』人气担当
一生放荡不羁爱喝酒
藐视规则，行为荒诞，但不撩粉丝

【个性签名】我没醉，我还能喝

【代表事迹】痛哭红颜

六號選手

周瑜

汉末东吴名将

外号叫『嘟嘟』都督，脾气很好不容易生气

对诸葛亮没有任何意见

人生赢家，有一个好基友跟漂亮的媳妇

【个性签名】请问，当年你可曾见过伯符路过

【代表事迹】总角之交

七號選手
赵云
三国时期蜀汉名将
乱世小鲜肉，绝地孤胆英雄
有救熊孩子的特殊技能
【个性签名】我是常山赵子龙，我颜值很高
【代表事迹】救阿斗

八號選手

潘安

西晋时期人

古往今来最知名的美男子
出门闲逛，吸睛指数100%
不是渣男不是渣男不是渣男
重要的事情说三遍

【个性签名】一生一世一双人

【代表事迹】潘杨之好

九號選手

慕容冲

十六国时期西燕人

五胡十六国倾国倾城第一人
有过一段被包养的黑历史

【个性签名】我要这盛世美颜有何用

【代表事迹】龙阳之姿

十號選手
高长恭
南北朝时期北齐将领
赫赫有名的兰陵王
不幸投胎到了『神经病』家族老高家
【个性签名】忠君爱国
【代表事迹】兰陵王入阵曲

十一號選手

韩子高

南北朝时期陈朝人

成功逆袭的人生赢家

跟老板陈文帝的关系非常好

明明是英武少年，才不是小白脸，哼

【个性签名】只因在人群中多看了你一眼

【代表事迹】得遇文帝

十二號選手

褚渊

南北朝时期宋、齐宰相

每天上朝时众人关注的焦点

皇上亲自下场点赞：『褚渊凭借这风度翩翩的样子，就应该当宰相啊！』

禁欲系美男，是公主求而不得的男人

【个性签名】作为男人，保持风度很重要

【代表事迹】公主之约

十二號選手

王维

唐朝时期诗人、画家

佛系美少年

诗、画、乐全面人才

吃斋念佛，看起来像隐居达人，其实当过大官

【个性签名】 Love&Peace

【代表事迹】 年少成名

十四號選手

纳兰性德

清朝时期词人

心思细腻的高富帅

虽然是御前侍卫但是武艺不咋样

情话技能MAX

【个性签名】 我不是矫情，我只是有些忧郁

【代表事迹】 真真假假的情史

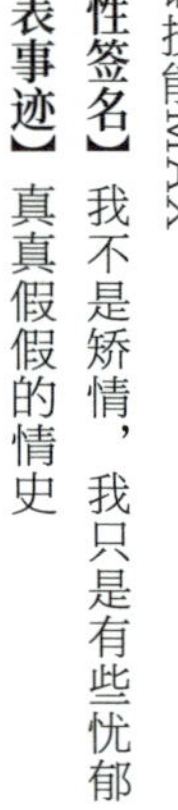

山有扶苏，隰有荷华。

不见子都，乃见狂且。

宋玉／我的偶像是屈原

文／琴城野老

心几烦而不绝兮，得知王子。
山有木兮木有枝，心悦君兮君不知。

宋玉站在自家的庭院中，不知是第多少次抬起头，看到高墙之上那一抹俏丽的倩影。

这一次他没有像往常那样视而不见，而是朝她露出了一丝微微的笑意。

女子颊上飞起红云，羞涩又大胆地拂开了藏身的树叶，露出一张比春日的花朵还妍丽的面容。

她是整个楚国最美丽的女子。

她有着白里透红的肌肤，不需任何脂粉增色妆点。她有纤秾合度的身段，不需华服衬托就十分曼妙。她眉如翠羽，齿如编贝，这个世间有无数的男子曾经为她而倾心。

一顾倾城，一笑倾国，说的就是她这样的女子。

但她的心里却觉得，宋玉才是这世间最美的人。

他峨冠博带，俊美无俦。既有文人的书卷风华，又有游侠的飞扬意气。他才名与美名并举，能做出文采华美的辞赋，还会弹奏优美动人的琴曲。

他看向自己的眼中有欣赏，有怜惜，却唯独没有爱慕。

宋玉温和地看着这名可爱又迷人的邻家女子，对她说："从明天起，不要再爬上高墙偷偷看我了。"

女子有些意料之中的失落，却又鼓起勇气问道："郎君……是否已经心有所属？"

宋玉没有回答她的问题，却说："听我为你讲个故事。"

他负手站在春阳之下，俊秀的眉眼神采清明。

"楚国的唐勒曾经向楚王进谗言，说我出行投宿的时候，趁主人夫妇都不在家，与主家的女儿独处一室，举止不端，是个贪花好色之人。"

女子的脸上露出惊诧的神色："我不信，你不是这样的人。"

她已经是楚国最美的女子，她的家与宋玉的宅院仅有一墙之隔，可她在墙头痴痴地看了宋玉三年，他却从来都没有理睬过自己。

宋玉继续道："其实那一天，我的确与主家的女儿有独处的机会。她眼波含情，借口身份尊卑不同，将我安置在兰芳之室。我心知她倾慕我这身皮囊，又见到房间里恰好有琴，就弹奏了《幽兰》和《白雪》两首琴曲，暗示她应该像幽兰与白雪一样洁身自好，守礼自重。"

女子心有戚戚焉，这般思慕的心情，她感同身受。

“主家的女儿并不听从我委婉的劝告，她为我煮了菰米饭，奉上了莼菜羹，穿着美丽的衣裳，戴着华贵的首饰，将饭菜端来请我食用。她装作不小心，把自己的翡翠钗挂到我的冠缨上，但我却没有抬头看她一眼。”

女子静静地听着，没有说话。这样的举动，如此大胆，她是不敢去效仿的。

使她感到安慰的是，这样大胆的女子，却也和自己一样，始终得不到宋玉的回应。

“她热情地为我唱起情歌，试探我的心意。于是我再次拨起琴弦，弹奏了《秋竹》和《积雪》，用琴声告诉她：我无意于女色，我的意志就像秋竹一样坚挺，我的心就像积雪一样冰冷。她决绝地表示，得不到我的爱意，宁可以死明志。我只好对她说：我宁可去杀人，也不会接受你的心意。”

宋玉说完，看向面前的女子，声音仍然温润如玉：“我的志向，我的心境，你可明白了吗？”

女子点了点头，仿佛听到了自己芳心碎裂的声音。

她有一点不甘，也有一点期待地问：“你会把我记在你的心里吗？”

宋玉回答：“我不会把你放在心里，但我承诺，我会将你写进我的辞赋中，你的身影将融入我的文字，与我的名字相伴千年。”

女子的心中涌起无限惘然，却又有一丝莫名的喜悦。

如此，也算是一种圆满了吧？

美好的人与事物，总是最容易遭到非议与诟病的。

这个道理，宋玉从小就明白。

当他站在楚襄王的面前，看见王上那饱含着质疑和猜忌的眼神，就想起自己的老师屈原写过的诗句：

众女嫉余之蛾眉兮，谣诼谓余以善淫。

楚襄王果然提起了大夫登徒子放出的谗言：“对于你好色的传闻，你有什么想说的吗？”

宋玉悠然一笑：“容貌俊美是天生的，善于辩论是后天学到的，如果这样优秀的我，就必然会贪慕女色，那住在我东邻的绝世美人又怎会在墙上窥视我整整三年？倒是听说，登徒子的妻子丑若无盐，却和他育有五个孩子，两相比较，大王觉得谁比较好色呢？”

楚襄王的心中涌起一股熟悉的感觉。

无法反驳，又不能发作。

宋玉在自辩，却也在隐隐地嘲讽自己晚年的沉溺享乐。

他喜欢宋玉的才华，唯一讨厌的只有一点：他太像他的老师屈原了。

楚襄王又想起了秋天的时候，他与宋玉在兰台宫游览的情景。

那天的风很凉爽，他难得有了一点惬意的心情，便对随行的臣子们感慨说：“这股好风，是寡人与百姓共享的。”

换了别人，必定会马上附和自己的话，赞颂国君与民同乐的精神。

可宋玉却说：“这股风只是大王独享的，庶民哪有这等福分与大王同沐此风呢？”

楚襄王心中知道，善辩的宋玉一定又在话里埋了什么伏笔，就等着自己去揭开。

他迷恋着宋玉出色的思想和口才，就像当年他迷恋屈原的才华一样。

他明知宋玉很可能会像屈原那样，说出刺耳的话语，让自己不悦，却还是忍不住问了下去：“寡人的风与庶民的风，又有什么不同？”

宋玉说：“大王的风是雄风，它清凉怡人，能治病，又能解酒，使人耳聪目明。庶民的风是雌风，它扬起沙尘，卷起污秽，刮向庶民居住的陋巷与破屋，使人生病，让人痛苦，陷入生不如死的状态。”

楚襄王心中升起一股郁闷，刚才清风所带来的好心情荡然无存。

他只不过是想吹吹风。

他登临高台，游历云梦，也只不过是想暂时忘记那背弃联姻之好、大肆攻城略地的秦国，忘记国运衰败、民不聊生带来的心烦。

可宋玉却非要说破这一切，把那些数不清的忧患摆在他的面前。

他想把宋玉斥责一番，却找不到反驳的理由。

他想把宋玉也放逐出去，却又有一丝不舍。

宋玉曾陪着他游高唐、赏巫山，宋玉写下的《高唐赋》和《神女赋》，是他的心头挚爱。

除了宋玉，谁还能那样清晰生动地描绘出神女那美艳动人的姿态？谁还能满足他梦中对美人与权势的向往？

“大王，臣想问一句，这是第几次了？”

宋玉淡淡的语声，将楚襄王的思绪拉回了现实。

楚襄王困惑地反问：“什么第几次？”

宋玉的态度仍然不卑不亢：“臣不过是大王身边一个小小的文学侍臣，却因为相貌俊美，能言善辩，一再被人中伤诽谤，每次有人跑来向大王说臣的不是，大王都会来责问臣，臣已经不记得这是第几次了。”

楚襄王默然半晌，面色已经沉了下来。

宋玉问：“大王还记得那个在郢都里游荡的歌者吗？”

楚襄王说：“寡人记得，寡人已经明白你的意思了。”

宋玉却仿佛听不出他的意思，径自说：“郢都的歌者唱《下里》《巴人》这种通俗的歌曲时，城里跟着他唱的有几千人。当他唱《阳春》《白雪》这种高雅的歌曲时，跟随他唱的不过几十人。曲高和寡，就如同燕雀不知道凤凰的志向，鲵鱼不通晓鲲鹏的胸怀。那些鼠目寸光的小人，不会理解我的信仰和追求。”

楚襄王点了点头，已经不想再和他讲话，挥挥手让他离开。

宋玉行礼退下，表情中带着一丝若有若无的讥讽。

楚襄王望着宋玉的背影，喉头一痒，爆发出一阵剧烈的咳嗽。

他从宋玉腰间雪亮的佩剑上，看到自己垂垂老矣、带着病容的脸。

无论想不想承认，他和他的楚国都已经无奈地步入了衰落。宋玉则风华正茂，正迎来他人生中最美好、最有力量的青年时期。

正如那日渐强盛的秦国，正张开它巨大的羽翼，将阴影覆盖在整个荆楚大地之上。

楚襄王十九年，秦将司马错攻打楚国，楚国不敌，被迫割让上庸、汉北地。

楚襄王二十年，秦将白起攻打楚国，取邪、邓、西陵。

楚襄王二十一年，秦将白起攻陷楚都，襄王迁都于陈城。

当楚国在秦国强悍的攻势下节节败退，王上与贵族们都忙着慌不择路的逃亡时，宋玉却独自站在汨罗江畔，焚烧着一篇悼词。

他最敬爱的老师屈原，在被放逐了多年之后，终于从忧愤走向绝望，跳入了汨罗江中自尽。

没有人愿意为屈原作悼词，他的不容于世，早已不是一天两天。楚襄王的冷落与迫害，让世人只敢发出附和之声，肆意非议屈原的为人。

但宋玉从不在意世俗的眼光，在这个如斯险恶的世道，他的全部信仰和力量，几乎都来自这位亦师亦友的尊长。

他看着手中灰飞烟灭的悼文，轻声对着江水说："从前我不明白老师的执念，还劝说过老师要韬光养晦，不要犯颜直谏，给自己招来灾祸。那时候，老师训斥我说，做官一定要秉持忠信，坚持自己的道，虽死犹生，否则就虽生犹死。老师终于为了自己的道而身死，而我宋玉，会用宋玉的方式，延续老师的志向与信仰。"

他大步离开江岸，唱起老师屈原的辞赋：

"路漫漫其修远兮，吾将上下而求索。

"青云衣兮白霓裳，举长矢兮射天狼。

"举世皆浊我独清，众人皆醉我独醒。"

宋文公／因帅得国的美丽传说

文／瑶华

陌上人如玉，玉色凝霜雪。
雪映寒枝梅，梅香迎皎月。

都说宋国新继位的国君，长了一张极好看的脸。

他是宋襄公的孙子、宋成公庶出的儿子公子鲍。在惜墨如金的《左传》里，虽然只有三个字的形容，却令人浮想联翩：“美而艳。”

结合当时的审美风潮，这位应当是一个身材高挑、须发浓密、举止得体，走到哪儿都非常吸引眼球的帅哥。

难道，公子鲍登上国君之位，就是因为他帅吗？莫非宋国也流行“爱豆”打榜投票这一套？

宋国史官赶紧摇头："我们宋国是礼仪之邦，讲究综合素质。这人美心善，说的就是他！"随即他拉出一牛车的竹简，都是宋国日报的头版头条：《满满的温暖：公子鲍亲赴灾区一线送粮食》《七十岁老人的心里话：公子鲍是咱的贴心人》《公子鲍与宋国六卿谈笑风生》《熊掌、犀角、海贝中的情谊——公子鲍慰问国君亲族》。公子鲍就是这么乐善好施、礼贤下士。

镜头转向公子鲍的府邸。在编钟声中，大门缓缓拉开。公子鲍走到哪儿，热烈追捧的目光便跟到哪儿。虽然不一定有后世的"掷果盈车"那么夸张，但各种表达爱意的歌曲应当不少。

在众多热烈的目光中，有一个身份特殊、年事已高的贵妇人。

她是宋襄公的遗孀、周襄王的姐妹王姬，公子鲍名义上的祖母。在宋国的女性里，她说地位第二，没人敢称第一。王姬的行动力惊人，她对外貌俊美的公子鲍垂涎已久，直截了当地对他表示"欲通之"——想和你发生亲密关系，看你同不同意吧。

公子鲍想了想，果断地拒绝了王姬。

被拒绝之后的王姬不仅没有恼羞成怒，反而在公子鲍高情商的安抚之下，和他达成了某种政治上的默契——你助我登上王位，我给你荣华富贵。

在得到王姬以宋襄公夫人名义的支持后，公子鲍有了一笔收买人心的"专项经费"，慈善工作不仅开展得有声有色，与宋国公卿的结交也日益紧密。几年的布局下来，他在宋国人心目中的地位俨然高过了实际的国君宋昭公。

随着公子鲍的实力日益坐大，下一步，就是取而代之了。

趁宋昭公外出打猎，王姬派人将宋昭公一举弑杀。宋昭公之前就知道自己性命不保，但大势已去，他只能坐以待毙。

公子鲍成功继位，是为宋文公。

纸里包不住火，晋国国君晋灵公趁机集结了卫国、陈国、郑国等国的军队，联合派兵攻打宋国，但因为公子鲍已经打下了比较深厚的群众基础，又有雄厚的财力打点其他诸侯，这一场风波最后不了了之。

这一场夺位之争，就这样被轻轻揭过。谁还敢说“美而艳”的宋文公，只是一个靠裙带关系坐上国君之位的小白脸呢?

宋文公当上国君的第二年，宋昭公的儿子等人便发动战乱，准备拥戴宋文公的弟弟公子须取代国君之位。这一次战乱依然以宋文公的胜利收场，他毫不留情地杀死了作乱的弟弟、侄子等人。之后，宋国还曾与强大的楚国陷入持久战，以宋文公派华元代表宋国求和收场，结局虽然不算很扬眉吐气，但考虑到宋国的实力和楚国有差距，能够保全自己已属不易了。

宋文公在史书上的最后出场，是他奢华的葬礼。他是乐善好施的翩翩公子，也是野心勃勃的王位篡权人。他的一生，忍辱负重过，波澜壮阔过，最终化为了千年后令人向往的一缕剪影。

公孙子都VS卫武公，谁是《诗经》里的头号男神?

宋文公、卫武公、公孙子都……《诗经》里的这一大票男神都让人心生向往，想知道大家公认的先秦第一美男是谁？给先秦的男神们疯狂打 call！

关注问题　写回答　邀请回答　添加评论　分享　举报　…

查看全部2个回答

【子都篇】

楼主：古潮先生

108人赞同了该回答

先秦时期的第一美男，这一票当然要投给子都啦!

作为春秋战国时期的头号男神，如果你熟读《诗经》，肯定对子都感到不陌生。在先秦时期，子都就是英俊美男的代名词，无数追星少女等在青青河畔边，只为一睹子都的英姿。

这位风靡各国的超级偶像，到底是谁?

根据《左传》记载，公孙子都又名公孙阏，是春秋时期郑国的贵族大夫，他不仅长相俊美，还能征善战，深受老板郑庄公的喜爱。

当时天下形势比较乱，几个邻近的小国经常互相看不顺眼，打来打去。郑国在郑庄公的治理下，国势强盛，隐隐有成为春秋霸主的趋势。国家强大以后，郑庄公就打起了旁边的小国——许国的主意："天气逐渐炎热了，就让旁边的许国破产吧。"

郑庄公打定主意后，在一个问题上犯了嘀咕：郑国的人才太多了，这么重要的战役，让谁去当先锋呢?

犹豫来犹豫去，郑庄公决定搞一次"郑国 101 选秀"，谁赢了让谁当先锋。

在当时，战车是国家实力的象征，其在战场上的威力不亚于我们现在的坦克。为了准备这次选秀，郑庄公拿出了珍藏的豪华战车，并宣布："谁能第一个抢到这

赞同108　42条评论　分享　收藏　感谢 …　收起

辆豪华战车，谁就是我郑国的先锋！”

“好！”闻言，考叔第一个跳到车上。

考叔，也是郑国的大夫，为人正直，勤政爱民，因为将颍地治理得特别好，又被称为颍考叔。

除了治理国家以外，考叔内心还有个征战沙场的梦想，只是平时没机会展现自己。这次好不容易有个公平竞争的机会，当然得积极表现。

围观群众正想鼓掌叫好时，另一人也冲了出来，直奔战车而去。

大家仔细一瞧，这人正是大名鼎鼎的春秋第一帅哥——公孙子都。眼看子都来势汹汹，情急之下，考叔“挟辀以走”，拉起车辕就跑。

子都当然不能眼睁睁看着考叔赢过自己，他随手抄起武器就追了上去，没想到考叔的体力还不错，子都累死累活追了许久都没追上。

结果很明显了，郑庄公便兑现诺言，让考叔当了先锋。

从没有这么丢人过的子都很生气，后果很严重。

过了两个月，准备就绪的郑军，联合其他两个诸侯国一起去找许国的麻烦。大军将许国围了起来，考叔作为先锋，身先士卒地举着大旗登上墙头，还没来得及比个胜利的“V”，一支冷箭“嗖”地从后面飞来，将考叔射了下来。

射箭的人正是公孙子都。谁让考叔之前得罪了他呢？现在正是报仇的好时机。

战场上刀箭不长眼，运气不好被射死是很常见的事，其他人也没多想。来不及哀悼考叔，后面的瑕叔盈赶紧拿着军旗登上城墙，高喊道：“许国已破，我们的国

公孙子都VS卫武公，谁是《诗经》里的头号男神？

君已经登上了墙头！”

许国人一听，士气减了大半，郑国军队一鼓作气，攻破了许国。

你可能要说，这子都的才德不行啊，这么一个小肚鸡肠的人，长得再美，也够不上先秦美男子的标准吧？

偏偏子都逆时代潮流而行，不仅在《诗经》中留下了姓名，还成了先秦时代美男子的代名词。可见，腹黑美男也是很有魅力的！

赞同108　42条评论　分享　收藏　感谢 …　收起

更多回答

柳馥

108人赞同了该回答

我不同意楼主。子都是先秦最有名的美男子没错，但是这个人不管是身份还是相貌，目前在历史上都是存疑的。

《左传》中的确记录了公孙阏和颍考叔的争车事件。公孙阏字子都，他是郑桓公的孙子，他的父亲公子吕是郑庄公的叔叔，他本人是郑庄公的堂弟。

然而，公孙阏未必是公孙子都。史书中根本没有记载公孙阏的样貌。《诗经·郑风·山有扶苏》说到子都，不见得就是公孙阏，也可能是重名嘛。

公孙子都VS卫武公，谁是《诗经》里的头号男神？

《毛诗序》云：“《山有扶苏》，刺忽也，所美非美也。”这首诗的原意是用来讽刺公子忽并不是真正的翩翩君子，也可以进一步理解成徒有其表。这里的公子忽是郑庄公的长子，他是一个帅哥，可惜样貌和情商不成正比，他三次回绝了齐侯嫁女的美意，所以才被人暗骂狂且和狡童，比不了传说中的美男子都、子充。子都和子充他们具体是谁，《诗经》没有给明确的答案，只是用子都、子充来对应狂且、狡童罢了。其后，孟子曰：“不知子都之姣者，无目者也。”这里也一样没有特指具体的人物。有学者认为在古代“都”和“姝”两字音相近，这里说的子都是说子姝。姝，按着《说文解字》是美的意思。再换一句话说，子都也可以理解成子美。

子美，在春秋战国时期，可是非常常见的名字。当然，子都也好，子美也罢，这种名字跟弃疾比起来，都得甘拜下风。《左传》里叫弃疾的人实在是太多了。楚康王的五弟叫弃疾，他的御士依旧叫弃疾，晋顷公的名字也叫弃疾（也写作去疾）。关键，三个弃疾差不多是同一个时期的人物。这还是记载在《左传》里的，没记在史书里叫这个名的人大概更加多。

言归正传，弃疾这名是可以重名的，那为什么子都就不能有重名呢？在没有任何特指的情况下大家夸的子都，根本不一定特指的是公孙阏嘛。这样对比一下，子都美男的含金量有些值得怀疑呢。

赞同108　42条评论　分享　收藏　感谢 …　收起

卫武公　公孙子都

公孙子都VS卫武公，谁是《诗经》里的头号男神？

宋文公、卫武公、公孙子都……《诗经》里的这一大票男神都让人心生向往，想知道大家公认的先秦第一美男是谁？给先秦的男神们疯狂打 call！

关注问题　写回答　邀请回答　添加评论　分享　举报　…

查看全部2个回答

柳馥

108人赞同了该回答

刚反驳完楼上的子都迷妹，接下来该为我们先秦版的“唐太宗”卫武公拉票了！

虽然卫武公在现在没什么知名度，不过先秦时期他可是板上钉钉的超级美男。不信你看看《诗经·卫风·淇奥》：在淇水的那边，绿竹林子的深处，有一位翩翩君子。他学问好、品德佳，样貌俊气度广，而且为人很风趣，相当开得起玩笑。这么一位完美的君子，就是我们的男神卫武公。

卫武公，名曰和，是卫釐侯的次子。按理说，作为次子，皇位轮不到他来继承。古人立嗣，讲究的是长幼有序，没有规矩不成方圆。当时，卫国的太子是卫武公的哥哥公子馀。公子馀这个人没留下太多记载，但是可以肯定的是他不太会经营自己的形象，处处都被自己的弟弟抢了风头。

卫釐侯比较偏爱次子，经常赏赐他很多财物，卫武公暴富之后瞬间将财物挥霍一空——别误会，卫武公是干正经事去了。他借此收买了许多武士，待自己老爸一死，他便带兵偷袭了自己的哥哥卫共伯，将其逼入卫釐侯的墓道。在绝望之下，卫共伯自杀了。兄终弟及，卫武公终于成了卫国的国君。

这故事听起来似乎有点耳熟，没错，唐太宗李世民走的也是这条曲线登位的路线。虽说听起来不太光彩，但这等谋略跟果敢，简直是一个完美政治家的必备品质！

根据《史记》的说法，卫武公继位之后就开始施惠于民，求谏纳言，重修康叔之政。

卫武公 公孙子都

公孙子都VS卫武公，谁是《诗经》里的头号男神？

康叔是卫国的第一任国君，在位期间广修德政，使卫国得到了稳定发展。

卫武公一上台就开始效仿自己的先人重修德政，一直到他九十五岁高龄的时候，他还跟身边的人说：“你们大家不要认为我年纪大就嫌弃我，国中的大小事情，我从来都是恭敬从事，你们有什么谏言可以直说。就算你们临时想到一两句，也请务必记下来给我。”

除此之外，卫武公晚年还帮助周平王东迁。由此，卫国被周平王从侯国提升为了公国。

作为一国之君，卫武公的作为几乎是完美的。有仁德，再加上长得帅，卫武公完美符合了我心目中的先秦男神标准呢。

赞同108 42条评论 分享 收藏 感谢 … 收起

LIHAILEGUREN

《诗经》教你一秒钟点满夸人技能

文 / 玳瑁梁

谈到“男神”，你多半会想到那些有名有姓的全民偶像，类似“宋玉”“潘安”这样的存在。只要一提到他们的名字，大家就知道此人帅得毋庸置疑。

在质朴的先秦时代，同样存在着这样的人物。他的名字叫作“子都”。《诗经·郑风·山有扶苏》：**“山有扶苏，隰有荷华。不见子都，乃见狂且。”**

山上有茂盛的扶苏，池里有美艳的荷花。我没见到子都美男子啊，偏遇见你这个小狂徒。

孟子论证大道理的时候也提到过“子都”。《孟子·告子》记录孟子说：人心相同的地方，在于对“理义”的认同，就像是一提到子都，天下的人都认为他美。不知道子都好看的人，简直是有眼无珠！

有了先秦“大V”孟子的论断，子都自然而然成了美男的代名词。子都究竟有多美呢？

很遗憾，目前连子都这个人是谁，史学界暂时也还没有定论。“公孙子都争车”“暗箭伤人”事件成了后世戏剧的题材，因为相同的名字“子都”，大家觉得可能是一个人，于是把他塑造成了相貌俊美、心胸狭窄的形象。

然而公孙子都实际外貌如何，《左传》没有任何记载。相比之下，几百年后战国时期的美男子邹忌就要有凭据得多。在《战国策》里明

NIZHIDAOMA

确记载他**“身长八尺，形貌昳丽”**。究竟是《左传》那时候的创作风气比较严肃，史书不轻易夸人容貌呢，还是公孙子都不过是用了一个流行的好名字，本人其实其貌不扬呢？这已经成了一个谜。

先秦时期的“男神”们，除了长得帅，还应该具备什么样的条件？让我们翻开《诗经》寻找答案。

在《诗经》创作时期，也就是人人都爱“子都”的年代，大家倾向于以丰硕为美。那时男子身材高大、体魄强健，最是讨人喜欢。如《邶风·简兮》中描写的**“硕人俣俣，公庭万舞，有力如虎，执辔如组”**。

硕人，就是身材高大的人。俣俣，身躯魁梧的样子。这位受作者赞美的硕人，可能是一位舞师，他在朝堂庭前跳舞，动作有条不紊、英气逼人。加之他“赫如渥赭”——脸色红润有光泽，更是令人心折，国君也赐酒给他。

光有大高个儿，就可以算美男子了吗？那就把我们先民的审美想得太简单啦！

《卫风·淇奥》唱道：看那淇水岸边的翩翩君子，样貌如翠竹一般颀长优美，他品德良善，风度庄严，胸怀宽广，谈吐幽默风趣……

这就是那个时代的“男神”标杆。

此人说的是卫武公，卫国的第十一任国君，走的是仁德兼修的道路。卫国在他的治理下，百姓们过得很舒心。

遇到这样内外兼修、文才武略、个人魅力爆表的男神，你就可以引用《淇奥》这首诗来衷心地夸他啦：文采好，有修养，那是**“如切如磋，如琢如磨”**；情商高，言辞美，那是**“善戏谑兮，不为虐兮”**。

《齐风·猗嗟》里也具体地描写了一个帅哥，那是对一个俊美射手的全面赞美。说他身材高挑，眉目清俊，**“舞则选兮”**节奏合拍，**“射则贯兮”**百发百中。看完这样的描述，几千年前那个射箭场上雄姿英发的射手如在眼前，我们仿佛能感受到当时人们热烈追捧的目光。

这个人是谁呢？一些注释家认为是鲁庄公。司马迁在《史记·刺客列传》中记载，鲁庄公是一个爱好勇力的人，他射术精妙，身姿敏捷，是一名健美型型男。

但鲁庄公也并非一个有勇无谋之辈。公元前684年，齐桓公率大军伐鲁国。鲁国的贤人曹刿问庄公："我们依靠什么来迎战齐国？"

庄公回答："我这个人很有博爱精神，经常把好吃好玩的东西分给别人。"

曹刿说："这不过是小恩小惠，一般百姓享受不到，不会跟从您作战的。"

庄公又说："我对鬼神特别虔诚，进贡时我从来不虚报贡品的数量。"

曹刿说："这不过是小信用，神不会保佑咱们。"

庄公想了想，又说："等等，我还有查案的技能！不管什么诉讼案件，我都会认真调查处理。"

曹刿这才满意地说："这是忠心尽力为民办事，可以凭借这点一战，请让我跟随您一起去吧！"

你瞧，这番对话，谋士言辞锋锐，国君态度温文，从中我们能感受到庄公虚怀纳谏的胸怀。这样的人物，还"颀而长兮""清扬婉兮"，有颜值，有风度，又有实力，当然算是美男子里的佼佼者了！

有趣的是，那时人们看重的才能，不仅有经世致用、射箭驾车、打猎言谈，还有一项非常"接地气"的才能——善于喝酒。

《郑风·叔于田》里说："叔于狩，巷无饮酒。岂无饮酒？不如叔也，洵美且好。"哪里是没人喝酒呢？但谁都不如这位"叔"俊秀啊！

饮酒这事儿为什么要特意拿出来说呢？大概是因为饮酒后的举止最能考验人品吧！

《论语·乡党》里特意提到孔子他老人家"唯酒无量，不及乱"。就是说，

要心里有数，喝酒有风度，不至于失态。陈国的公子敬仲为了避祸逃到齐国，齐桓公接纳了他。敬仲请桓公喝酒，到了天黑时分，桓公要求点上灯火接着宴饮。敬仲就辞谢说："我只知道白天招待您，晚上招待就不敢奉命了。"人们由此对敬仲大加赞赏：酒是用来完成礼仪的，敬仲不让君主饮酒过度，这才是"仁"的境界呀。

有志成为男神的小伙子们，端起酒杯来！考验你们的时候到了！

综上所述，在先秦，一个人如果有才貌而无德，也不能顺利摘得"男神"的桂冠。但一旦你通过了衡量的标准，那么《诗经》的作者们绝对不会吝惜他们的赞美。

他们会说**"彼其之子，美无度（《魏风·汾沮洳》）"**。看这位男神啊，美得没边儿了！

他们会说**"言念君子，温其如玉。（《秦风·小戎》）"**。我思念的这位君子，他就像润泽的玉石一样具有仁德之美。

还是上面说过的那首《卫风·淇奥》：这样的人啊，**"如金如锡，如圭如璧"。**

什么是真正的男神？说的就是你！

END

夜中不能寐，起坐弹鸣琴。

薄帷鉴明月，清风吹我襟。

主题稿／动荡百年的魏晋时代

魏晋为什么能形成独特的名士时代？

特约嘉宾：寒鲲

汉末军阀混战：魏晋时代的序幕

黄巾之乱从底层掀起了东汉帝国的种种矛盾，虽然张角兄弟的起义军在一年之内便被迅速剿灭，但黄巾余党的影响却一直持续到公元 185 年以后的汉末天下。随着东汉帝国最后一代外戚何进与最后一批权宦的火并消亡，被何进招进来的董卓专权，则代表了地方实力派军阀时代的到来。

掌握州郡资源的地方豪族决定了汉末军阀的兴亡，也决定了最后脱颖而出的曹孙刘三家都必须依靠地方豪族的实力，才能维持住自身的统治，这样的皇权从一开始就是妥协性极强的。

三国鼎立：魏晋时代的前半场

公元 220 年曹丕代汉，公元 221 年刘备称帝，公元 229 年孙权称帝，魏、汉、吴三皇权鼎立的局面在公元 3 世纪 20 年代逐渐成形，魏晋时代的前半场由此开始。

曹丕曹睿父子时期的曹魏政权（公元 220 年 – 公元 239 年）维持了将近 20 年的明君统

治，在这 20 年间，曹魏政权南抗孙权、诸葛亮，刺杀鲜卑轲比能、北灭辽东公孙渊，整个国势还算是蒸蒸日上的。但曹睿死后，权柄被宗室曹爽所把持，他所推行的“正始改制”，通过削弱州中正权力、撤销郡级政区、反对奢侈之风，这些举措其实正是针对中央门阀与地方豪族的，希望通过这些举措来削弱大小豪族的实力，从而加强曹魏君权。奈何曹爽的改革太过骤急，他软禁郭太后、任用亲党的举措，也很不得群臣之心，所以曹爽的改革也便被大小豪族们迅速扑灭。

司马懿趁势利用了曹魏元老们对于曹爽改制的反对，发动高平陵之变，从此开启了司马懿父子三人接力侵蚀曹魏皇权，并最终取而代之的历史进程，曹魏的国势至此也衰落了下去。

诸葛亮蒋琬时期的季汉政权（公元 223 年 – 公元 246 年）维持了 20 多年的贤相统治，在这 20 年间，季汉政权通过诸葛亮的安定蜀中、平定南中、北伐关陇，实现了关羽、刘备两度战败后季汉野战军力的涅槃重生，而且还在政治水准上，维持了一段时间相当清明公正的统治。

奈何，季汉政权仅仅凭借益州一州之地，是无法获得优秀政治人才的持续补充的，而跟随刘备入蜀的功臣后代又很难达到父辈的水准，益州本地豪族也对这帮子外地人抢占了自己的政治经济资源而不满。所以，到了季汉后期，刘禅昏庸于上，姜维、黄皓、陈祇、诸葛瞻等人又不能协同一心，国力衰敝，人事不济，这才给钟会、邓艾提供了可乘之机。

孙权中年时期的东吴政权（公元 220 年 – 公元 242 年）维持了 20 多年的英主统治，在这 20 年间，孙权任用陆逊坐镇上游荆州，自己坐镇下游扬州，陆逊在荆州屡屡对曹魏襄阳一带用兵，孙权则在下游对曹魏合肥一带用兵，并且孙权还颇为自信地派人航海到台湾等地，保持着多渠道的对外联络。不过，到了孙权晚年，由于前太子孙登去世，孙权在新太子孙和（居南宫）、鲁王孙霸之间游移不定，造成了东吴朝堂分化成了南宫太子党与鲁王党两派，两派的争储斗争直接削弱了东吴的政治稳定，造成了由军事勋贵、地方豪族构成的东吴统治集团的内部裂痕。再加上孙权死后，诸葛恪、孙峻、孙綝三大权臣的冒进执政、残杀政敌甚至废立君主，东吴政权内部又在公元 252 年到公元 258 年间进一步陷入内耗困局之中，国势从此也是一蹶不振。

司马晋的篡魏与一统：魏晋时代的中场调整

在公元 249 年到公元 280 年间，司马氏三代四人先后平定淮南三叛、入蜀消灭季汉政权、平定河西鲜卑树机能、顺江而下吞灭东吴，用了 30 年的时间方才完成篡魏与一统的大业。在这个过程中，司马氏家族先后违背对友人的政治承诺（司马懿指洛水为誓言不杀曹爽）、辜负曹丕曹睿两代主君对于司马懿的托孤信任、在宫城指派手下公然弑杀魏帝曹髦、处死名士嵇康，背负了太多的政治污点，忠义仁信等儒家核心理念被司马氏家族践踏了个遍。

司马氏的这种充满污点的篡权行动，在当时可是史无前例的第一次，之前实现篡权称帝的王莽与曹操都没有干过这么多的“脏事儿”。所以，司马氏的篡权称帝行径，对于当时的士大夫阶层之道德伦理实乃一大令人瞠目结舌的冲击，对于这种冲击最为激烈的反映正是“竹林七贤”们的放浪形骸，“竹林七贤”代表了当时不甘与司马氏同流合污的士人心理，尤其是嵇康、阮籍、刘伶三人态度最为坚决。

不过，司马懿父子充分吸取了曹爽改制的教训，始终没有对门阀豪族动刀，反而是彻底把自家的新皇权建筑在门阀豪族的支持之上。在西晋建立以前，司马懿父子即便打击政敌，也绝不株连政敌之家族，并且积极通过联姻的方式，使得司马氏家族与世家豪族形成婚媾关系网络。这就使得世家大族们即便耳闻目睹了司马氏的种种不忠不义行为，也会在司马氏的权势拉拢下，投效司马氏父子，以至于“同流合污”反而成了魏晋之际时势的主流，竹林七贤那样的不合作反而成为了孤独的少数。最终，即便曾经跻身竹林七贤的山涛、向秀、王戎也没能摆脱司马氏权势的招徕，成为司马氏的高官。

公元 263 年，钟会、邓艾在司马昭支持下实现入蜀灭汉的大业，成功征服西南地区，从此魏晋中原政权便获得了对于南方东吴政权的战略优势。公元 280 年，西晋灭吴成功，至此实现西晋王朝的大一统，结束了持续了整整一个世纪动荡。

西晋的困顿与内耗：魏晋时代的后半场

在西晋一统刚刚实现后的 20 年间，先后有司马炎主政的太康十年（公元 280 年 – 公元 290 年）与贾南风、张华主政的元康十年（公元 290 年 – 公元 299 年），为天下带来了两段相对稳定的十年，但无论是司马炎在最后十年间的新朝创制，还是贾南风在削除外戚与宗室政敌之后依靠张华维持的朝局，其实都是一种回避根本矛盾、温水煮青蛙的统治状态。

司马炎虽然有很多新朝创立以后的制度建设，但这些制度建设都是立足于保障世家豪族利益的：通过占田制保障门阀豪族的经济利益，通过《泰始律》保障门阀豪族的政治特权，沿用九品中正制来保障门阀豪族的世家权势，这是司马炎沿袭司马懿父子拉拢世家豪族政策的表现，而且也是对司马懿父子拉拢政策的集大成。

不过，司马炎并没有完全纵容世家豪族，他还通过多次分封宗王试图培植宗室力量，这是司马炎对于曹魏被篡教训的反思结果。所以，司马炎不仅分封宗室诸王，而且还让他们“之国就藩”，拥有一定的宗王武装力量，引发了后续的“八王之乱”。

司马炎的政治主张基本上塑造了西晋的基本制度，贾南风支持下的张华仅仅是在维持朝局，并没有在制度建设上变更司马炎所定的基调。本来贾南风在元康初年杀害外戚杨骏、杨珧、杨济以及宗室司马亮、司马玮，仅仅是一次上层政治斗争，并不影响西晋政局基本盘。但贾南风在元康九年妒杀皇太子司马遹，则直接动摇了皇权政治的根本所在——储君，为宗王干政提供了绝佳的口实。司马伦、司马冏、司马颙、司马乂、司马颖、司马越先后起兵入洛，从公元 299 年先后动荡到公元 307 年，持续了整整七八年的时间。

这七八年的政治斗争不再仅仅是宫廷政变，也是六个王爷所掌握的西晋武装力量之间的内战，这次内战严重消耗了西晋在北部中国的国防武装力量。八王之乱与起义遍地为长城沿线的张轨、拓跋鲜卑、段部鲜卑、慕容鲜卑提供了打着西晋旗号趁机坐大的良机。

八王之乱的胜利者司马越得到的仅仅是一个遍地狼烟的天下，他拥立傀儡晋怀帝司马炽，仅仅维持了五年，便被刘聪、石勒所攻灭。洛阳沦陷于匈奴铁骑之下，以晋愍帝司马邺为首的西晋残余势力在长安苟延残喘，直到公元 316 年被前赵刘曜攻灭，西晋政权便彻底灭亡了。

综上，魏晋时代其实是一个在政治局面上相当憋闷的时代，不是把时间精力消耗在了对外作战上，便是消耗在了内部斗争上。西晋政权有一段时间的稳定时期，但西晋统治者却更习惯以妥协的方式获得世家豪族之支持，这就塑造了两晋政治的基本格局，最终使得东晋走进了门阀政治这个死胡同。

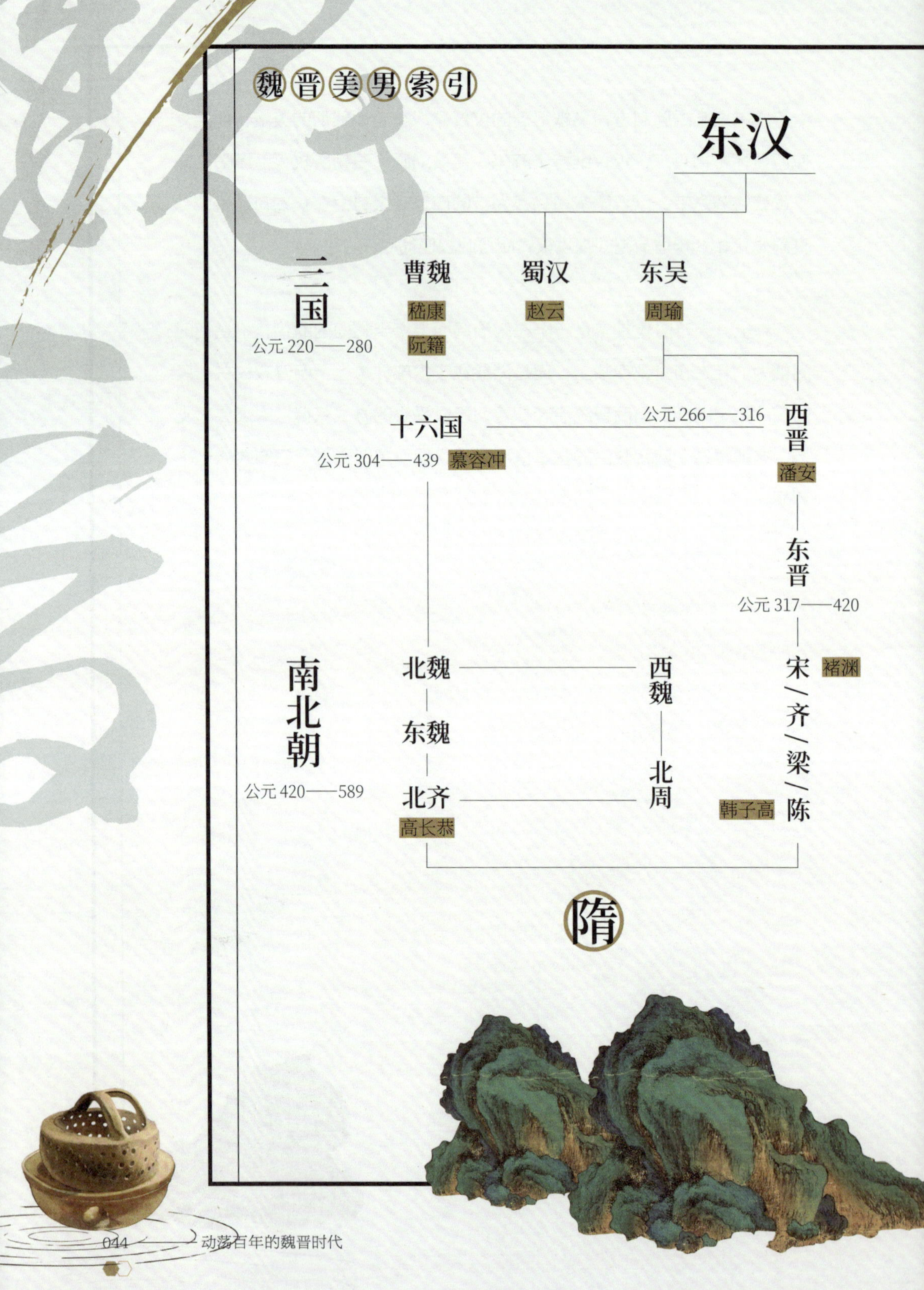
魏晋美男索引
东汉
三国
公元 220——280
曹魏
嵇康
阮籍
蜀汉
赵云
东吴
周瑜
公元 266——316
西晋
潘安
十六国
公元 304——439
慕容冲
东晋
公元 317——420
南北朝
公元 420——589
北魏
东魏
北齐
高长恭
西魏
北周
宋/齐/梁/陈
褚渊
韩子高
隋

仇英《竹林七贤图》

文／晚照

嵇康／千古风流成绝响

嵇叔夜之为人也，岩岩若孤松之独立；
其醉也，傀俄若玉山之将崩。

嵇康的一大爱好是打铁。家中小厮们猜测嵇康可能是想中和一下自身的书生气质。

自家主人才华卓越，琴棋书画样样精通，样貌也是一等一的好，简直是人中龙凤。虽不说，自家的小厮们其实也都是嵇康的小迷弟。但嵇康是何等人物，小仆人们这点心思早被他看穿，他开始“恃宠而骄”了。

不仅打铁，还不喜欢洗澡洗头。常常蓬头垢面半个月，家中仆人都受不了，催着自家主人去沐浴，水都给打好了，他还不情愿，磨磨蹭蹭半天才去。

家中的小厮们决定，以后给自家主人定个日期，每隔五天，一起使劲儿压着嵇康去沐浴。管他愿意不愿意，维持主人形象可是仆人们的必备课程。

小厮们将自家主人的形象打理得很好，嵇康的一众好友在炎炎夏日围观过嵇康打铁后，仍能感慨他气质脱尘、不落俗套。

东平的吕安，和嵇康的家可是一南一北隔得相当远，但每次一想到嵇康，他便特地千里驾车前来拜见。

小厮们心想，这里面我们的功劳可不小，要不你看到的可就是蓬头垢面、臭熏熏的嵇康大人了。

这吕安也是个恃才傲物的人。他驾车拜访嵇康不是每一次都能见到对方，一次恰逢嵇康不在家，敲了门之后发现开门的竟然是嵇康的哥哥嵇喜，当下就是一个白眼翻了过去，丝毫不因为这俩人是兄弟而给嵇喜好脸色。

吕安转身就在门上写了一个“凤”字，留下不知所措的嵇喜在原地。“凤”（鳳），拆开是凡鸟的意思。

当时小厮们都吓坏了，想着怎么给自家主人收拾这个烂摊子，好在嵇

喜是个心大的人，随意笑笑就过了，也不太在意。小厮们舒了一口气，随即在心里暗暗地窃喜：自家大人的名气真大，好像更加崇拜大人了。

才名广了，又有“龙章凤姿，天质自然”的不俗容颜，免不了会受到朝廷的招揽，嵇康本无意仕途，他生平最爱的便是潇洒于天地间。

本来嵇康娶了曹操的孙女长乐公主的时候，小厮们还为嵇康担忧，会不会以后自家大人就不能肆意而活、潇洒度日了。因此新夫人进门之时，家中上下人等都颇为紧张。

好在公主是个知书达礼的人，性格也与嵇康情投意合。嵇康碍着面子接受了个五品小官后，就与夫人一同待在家里过着闲适的神仙眷侣生活。后来小少爷和小小姐出生了，嵇康的小厮们又开始操心这俩小祖宗，宅子里人都过得甚是安逸。

有了知心夫人和家中小厮们的打理，嵇康依旧是那个整天潇洒的风流人物，和志趣相投的好友们打铁、品酒，好不快活。

小厮们特地给自家主人的朋友都编了个小手册。

一起打铁的朋友叫向秀，酒量不行，一杯倒，但在打铁上却和自家主人合作得相当默契。两人常常在院内的柳树下，一人掌锤，一人鼓风，画面不要太撩人。

一起品酒、畅谈老庄的好友是山涛和阮籍，自家主人和他们第一次见面就相当投契，整日黏在一起都快成连体婴了。主人时常夜不归宿，为此还闹了一个笑话。

山涛的夫人韩氏，何曾见过夫君与他人如此亲密，她是个憋不住话的人，没过多久，韩夫人便直截了当地问山涛他们到底是怎么回事。

山涛当时被问得有些哭笑不得，拍了拍自己的大肚子，语气认真严肃地和妻子说：“你看看，这天底下，能做我的朋友的，就只有这么两位了。”

看着夫君语气认真，韩夫人倒也没了疑虑，只是内心好奇了起来，这般人物做派，自己也想见见。她婉转地提出自己的小心思。

老婆的意愿，那是肯定要满足的。只是在当时，内宅妇人随意见外男不合规矩。但办法，都是人想的。

一日，阮籍、嵇康又来到山涛家里做客，三人喝开心了，一看已经快要黄昏，回去怕是深夜了。山涛便拿出准备好的饭菜好生招呼这俩好友，并留他们住宿。三人相熟已久，阮籍、嵇康二人也不见外，当下就答应了。

山涛一见可行，悄悄对着屏风后面使了一个眼色，事儿成了。晚上三人在房内相谈甚欢，韩夫人一人则在墙后，从早已钻好的洞中窥视二人。

这一看就停不下来，韩夫人哪曾见过如此风采卓绝的名士，加之嵇康又有着天人之姿，谈吐之间气度不凡，看着看着舍不得挪开眼，一晚上就这么过去了。

山涛没想到自家夫人如此可爱，第二日本想去房内询问妻子情况如何，哪知夫人还呆立在墙外迟迟不肯走。他赶紧把夫人扶到屋内坐下，得意地问："我这朋友如何？"

韩夫人晃了晃脑袋，试图清醒过来。她语重心长地对自己的丈夫说："你竟然能和他们做朋友，你们的才华完全不在同一水平线。"

山涛有些小情绪了，转过身有点吃醋地"哼"了一声。

韩夫人继续道："但你呀，气度大，见识广，也配得上和他们交朋友了。"山涛听到夫人这话，感觉自己在夫人心中还是有点地位的，拍了拍胸脯："那是，他们也这样说呢。"

嵇康的小厮们最讨厌的一个人，是一个叫钟会的极端黑粉。

钟会身份可不简单，年纪轻轻就官居要职，其父更是当时赫赫有名的书法家。按理说，他长得肯定不差，才华也是数一数二的，可他偏偏迷上了嵇康。

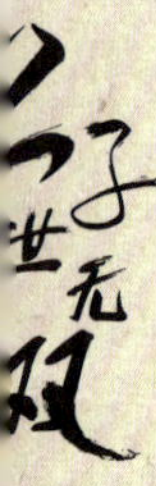

他写了一部《四本论》，跑到嵇康的家门口畏畏缩缩不敢进。最终钟会跺了跺脚，将自己的作品朝着嵇康的院子里一扔，也不管扔在哪儿了，一溜烟儿就跑得没影了。

回到家后，钟会每天在家急得抓耳挠腮，等着嵇康的回音。今儿问小厮，明日问婢女，后日问管家。家里的仆人都被这位少爷给问烦了。

钟会想着，这样等下去也不是个事儿，是好是坏总得有个信儿。他索性鼓起勇气准备再次登门拜访。哪知到了门口又纠结了起来。

本来心就焦急，哪知院墙里又响起了嵇康“叮叮咚咚”的打铁声，敲得钟会越发不耐了。

也不知嵇康是没看到自己的作品，还是根本不屑一顾，眼瞧着这样着实无趣，钟会转身准备走了，哪知此时嵇康说话了。

“你来干什么？没听到我在打铁吗？”（“何所闻而来，何所见而去？”）

“哼，我知道你在打铁。”（“闻所闻而来，见所见而去。”）

钟会自幼受人追捧，哪里受过这种委屈，小心眼地给嵇康记了一笔，从此扛起了嵇康头号黑粉的大旗。

小厮们本以为这只是个插曲，但而后的事情却超出了他们的想象。

起先只是为了躲避司马氏的征辟，嵇康举家迁往河东，面对好友的举荐，一封看似决绝的《与山巨源绝交书》，字字讥讽嘲弄掌权阶级，嵇康彻底与司马氏撕破了脸皮。

公元263年，嵇康的好友吕安因其兄弟的不堪之举，被诬告入狱，嵇康出面为好友作证。钟会借此机会，向司马昭进言陷害嵇康。

“昔太公诛华士，孔子戮少正卯，以其负才乱群惑众也。今不诛康，无以清洁王道。”

行刑之日，嵇康面色坦然，不见一丝退却后悔之意。

广陵奏罢，世间再无嵇康。

自此，一代名士的生命终究是走上了绝路。

是非不由己，祸患安可防。

使我千载后，涕泗满衣裳。

嵇康家中的仆人被四散罚没，但他们相信，自家主人留给这世间，一定不止那“龙章凤姿”的天人之姿。

阮籍／对酒当歌，人生几何

文／晚照

夜中不能寐，起坐弹鸣琴。
薄帷鉴明月，清风吹我襟。

阮籍一直对司马氏无感，甚至很是厌烦。

他的父亲也是曹魏那一方的，世人皆说他站错了队。父亲却不以为然："对或错都是他人眼中的，自己只需守住本心就好。"

但父亲也和他说过，生活在这乱世之中，活下去才是最为重要的。以你的才华肯定逃不过司马氏的招揽，一定不要太过刚硬。

那时的阮籍还不太懂父亲的意思。三岁的时候，父亲去世了，但有母亲的陪伴加之父亲的名望，生活也谈不上太苦。

阮籍小时候便才华横溢，容貌瑰杰。自己也从不曾懒惰，勤奋好学，小小年纪便是当时有名的神童。

长相英俊，性格孤高，放荡不羁，气度非凡。可能是父亲的话一直在脑海中不曾忘怀，很长一段时间，阮籍在为人处世方面甚是冷漠，这是他最开始避祸的方式。

王昶对这一点很有话语权。阮籍的父亲才名广传，他自幼也是聪慧过人。十七八岁的时候，阮籍跟着叔父到东郡去闲游。当时王昶正任兖州刺史，想着怎么着也要见上这小才子一面，人邀请到了，酒菜也备上了。哪知阮籍"终日不开一言"，一整天了，一句话也不说，两个人就这么干坐着。

王昶非常尴尬，但也不好说什么，他心胸大，想着可能这就是才子的傲气，着实深不可测，也就此作罢。

但即便阮籍再怎么寡言高冷，也躲不过司马氏的招揽。

司马昭看上阮籍很久了，他决定用联姻的办法拉拢他。

第一天，他派使者前往阮籍的住处，想要得以一见并说明来意。人是见到了，却是一个东倒西歪、醉醺醺的阮籍。使者一看，都醉成这样了，估计说了也没什么用，便离开了此地。司马昭也知道阮籍爱喝酒，摆了摆手，今日也就算了。

第二天，使者又前来拜访。还未敲门，酒香就已经飘散出来。不会又喝醉了吧……使者觉得自己有点倒霉，推开门缝瞧了一眼，阮籍已经醉得瘫倒在地，不知道的还以为这位公子……使者只得无奈地回去回禀司马昭，阮籍公子又醉了。司马昭想了想，算了，喝酒的人都这样，没个三两日清醒不了。

第三天，阮籍依旧没清醒，甚至想要拉使者一起不醉不休。

第四天、第五天……

足足醉了六十多天，使者实在是受不了了，一把鼻涕一把泪地跑去和司马昭诉苦："主公，不怪我啊，你看看那阮籍，不给我活路啊，我真的尽力了。"声泪俱下，差点哭晕在司马昭脚下。

司马昭这才明白了阮籍的意思，他哪里是爱喝酒，分明就是拒亲。司马昭很是生气，但阮籍怎么说也未正面打自己的脸面，此事只能不了了之。

这是阮籍第一次深刻地体会到父亲的那句"不要太过刚硬"的意思。

"魏、晋之际，天下多故，名士少有全者。"作为后世所评述的"竹林七贤"之一，阮籍当然无法在这股乱流中独善其身，厌弃做官不假，但与其将来不得已被迫入仕，不如自己率先出招，反倒落个清闲。

之前阮籍已有过两次辞官的经历，且这两次出仕的经历算不上多好。好在阮籍本身随遇而安，并不在意。

待到司马昭辅政时期，阮籍知道自己大概率是逃不开了。起先已经靠着醉酒对付过一次，如今再这般，肯定是不行了。

司马昭想要招揽阮籍的心思简直不能太明显，有事没事就跑到阮籍家串门，阮籍爱喝酒，他便和阮籍一同喝。于是阮籍索性直接和司马昭说："东平这地方甚是美好，我曾经游历过东平，一直没能忘记那里的风土人情。"

司马昭一听，有戏，这人总算是开窍了。他二话不说，开心地授予了阮籍东平相的职位。接收到职位的阮籍，便骑着小毛驴，带着酒，轻车简行地前往东平。

到了东平，阮籍想着既然都来了，也不能整日饮酒消极度日，总得干点实事。

第一件事则是将府衙周边的围墙给拆了。他这一动静倒是吓坏了身边的小官吏，小官吏虽不解，也只能听命办事。围墙一拆，从大街上路过的百姓一眼就能望到底。谁偷懒谁不务正业，一目了然。小官吏也是要面子的，为了树立好自己的形象，大家每天精神倍儿好地在府衙内做事，办公效率大大地提高。

第二件事，阮籍废除了一些不必要的律令，他本就是一个不爱受礼法拘束的人，自己所管辖的地方自然也要少些繁文缛节。在保证了基本的治安基础上，其他能省就省了。

两件事办完，东阳这地儿的百姓们还没来得及感谢这位新到任的大人，十日之后，阮籍便骑着小毛驴慢悠悠地回去了。

这倒又让司马昭摸不着头脑了，要说他没做实事，东阳那地儿确实被他整治不错，但这说走就走的个性又是怎么一回事儿？他心想这不成，需再给阮籍塞一职位，把他留在身边为己所用才行。

阮籍回来后，再次被任命为从事中郎。他也就应了，拿着俸禄做闲职，还有酒喝，这样想想也不错。

眼看阮籍如此得司马昭的信任，钟会心里不乐意了。他本就在嵇康那里讨不着好，嵇康和阮籍又是当时举世皆知的好友，钟会下意识也很讨厌阮籍。

他开始时常向阮籍询问一些时事对策，想要从中找到阮籍的错处。

阮籍厌恶钟会，当然也知道钟会的这点小心思，但他并不挑明。不想见怎么办？醉酒。

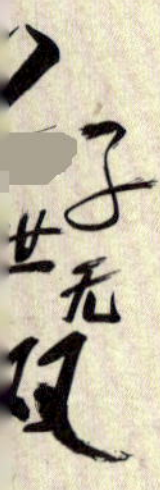

钟会屡屡拜访，都只得见一个酒酣耳熟的阮籍，世人皆知阮籍爱酒，哪怕司马昭想要和他联姻，他都日日醉酒，司马昭也没治他的罪。

加之司马昭曾说过，阮籍这人就这样，没事儿就爱聊聊玄学，不说人长短，谨慎到极致。你还老去找他碴干什么。

一来二去，钟会更没办法了，活生生吃了个哑巴亏。

钟会罢手了。一个叫何曾的名士却不甘心。当时恰逢阮籍的母亲去世，阮籍自幼丧父，全靠母亲将其抚养长大，母子感情相当深厚，他本身虽不拘礼法，但“性至孝”，丧期之中几度吐血，整个人形容消瘦。裴楷前来凭吊之时，阮籍披头散发，酒醉得一塌糊涂，丝毫不见往日的潇洒。

就在此时，司马昭宴请天下名士前来赴宴。阮籍内心悲痛，但也前往赴宴。他期间大口吃肉，何曾眼见机会到了，便暗暗凑到司马昭身侧，说道：“您看看阮籍，他的母亲刚刚去世就来赴您的宴，一点孝心都没有。您正在以孝治国，阮籍非但来了，还喝酒吃肉一点都不忌讳，像什么样子。要我说，您应该把他流放到偏远的地方，以正风俗教化。”

司马昭不开心了，自己好不容易才将阮籍收为己用。这群人非但不懂自己的苦心，还想着将阮籍又推远。

“你没看到阮籍都消瘦成什么样了吗？他来赴宴只是不愿意拂了我的面子，他都如此悲痛，你还要我流放他？你不能分担他的忧愁就算了，为什么还这样说呢？况且服丧时吃肉喝酒怎么了，这也是符合丧礼的呀，难道非要一起死了才叫纯孝吗？”

何曾被司马昭的话堵得面色涨红，悻悻地缩回一边。不远处的阮籍听到这番对话，丝毫没放在心上。

到后来，司马昭辞让九锡之封，当时都知道这只是一个形式上的过程，公卿大臣纷纷做戏“劝进”。

阮籍也被迫卷入，他被受命起草劝进书。等到使者前来，阮籍已是酩酊大醉，但即便是这种状态下，阮籍也逃不过使者的逼迫，他只得拿起笔违心地写下了《劝进表》。

写完《劝进表》不久后，阮籍便带着一番醉意离开了人世。

《世说新语》写道：“阮籍胸中垒块，故须酒浇之。”身处乱世之中，无一名士胸中不抱有经世济国之心，若非对朝局失望到极致，又有谁会终日沉溺于醉酒之中?

对酒当歌，人生几何。

虽几次卷入朝局，唯一值得庆幸的是，他守住了本心。

酒是他的朋友，也是他抗争权贵的武器。或许酒后的世界，才是他真正期盼看到的河清海晏。

潘安/卷入纷争的美男子

文/晚照

白玉谁家郎，回车渡天津。
看花东陌上，惊动洛阳人。

潘安从小就知道自己长得很好看。

小时候走在路上，时常能收到陌生人的礼物，末了还会拍拍他的头，说道："小朋友长得真好看。"小潘安虽表面上虽甜甜地笑了笑道谢，内心却想，长得好看有什么用，我以后定要出人头地！

潘安的家族虽谈不上豪门大家，但也是相当有底蕴的儒学世家。父亲和祖父都是当朝有名的大官，小潘安自幼便和父亲一同宦游于各地，见识甚广。自己的才学虽不及父亲，但在同龄人里也是拔尖儿的，他不明白，为什么大人们提到自己第一句话，却是夸自己长得好看。小潘安很不服气，他觉得自己一定要做出一番成绩来给这些人看，自己可不是光有样貌的花架子。

幸而司马炎登基后开始改革，这下给了当时的名士们大展宏图的机会。潘安觉得属于自己的时候到了，不能辜负自己这番才华。

小潘安等啊等，二十岁那年，他正式入仕，成了权臣贾充手下的一名幕僚。潘安虽长了一副唇红齿白、秀丽柔美的小鲜肉模样，但他骨子里的刚强，以及积极入仕的决心可是比谁都强硬。

小小的幕僚并不能满足潘安。恰逢此时晋武帝司马炎，为了展现自己亲民友善的皇帝形象，亲自下田耕种。西晋百姓纷纷叫好，皇帝陛下都下田体验底层劳动人民生活了，咱们可得好好干活。

文人朝臣也不甘示弱，一篇又一篇歌功颂德的文章递上去，生怕自己落入下风。写文章潘安可是不输给谁，眼瞧着机会终于来了，他“唰唰”写了一篇《籍田赋》悄悄递了上去。

潘安文章写得好，词句之间不过于谄媚，情感也额外真挚。可惜这篇真情实感的文章司马炎没能看到，被潘安的上司贾充拦截了。

贾充是个小心眼的家伙，一看这信就知道潘安藏着什么心思，加之在当时潘安的才华名声正盛，他二话不说，打压了潘安十多年，到后来，索性将潘安贬离了政治中心，成了一个小小的河阳县令。

此时距离潘安入仕，已经过了十年。而立之年的潘安非但没能在政治上有所成绩，反倒更加远离朝局，窝在了一个偏僻的小县里。仕途上接连遭受打击，年纪轻轻的潘安竟鬓角生出了银丝，他不明白为什么自己就和

官场如此格格不入，甚至第一次开始怀疑起了自己的能力。

但既然为官，哪怕是一个小小的县令，还是得做点正事。河阳这块地儿民风淳朴，百姓生活也十分惬意，就是这地方光秃秃的，潘安总觉得差点什么。他研究了一下当地的水土情况，先是在自家种了几株桃花，待到花期，他发现桃花在此地生长得额外好。双手一拍，他便号召全县百姓一同栽种桃花。

河阳百姓只管温饱，种花这种闲情逸致的活儿，他们之前从未想过。这话要是换别人来说，河阳百姓就不干了。但此时的河阳县令是潘安，西晋美男榜榜首的人物，河阳百姓心想，这县令人长得好看还敬业，怎么能辜负他对我们的期许呢？于是家家户户开始了种花的工作。

被栽种的桃花也很给力，茁壮生长，之后每临花期，河阳一片片的桃林甚是繁茂，此地更是因为这一景，引得外地百姓纷纷前来观赏。旅游业得到了发展，百姓们的生活更好了。大家给潘安起了好些个美名——“河阳一县花”“花县”。虽说“花”用来形容男子，在当时未免会显得不合适，但这话放到潘安身上，估计也没人敢质疑。

河阳被潘安打理得好好的，他心想，等再干点成绩出来，我肯定就离升迁不远了。无奈潘安是个心气儿高的人，恃才傲物，当时在朝堂上混得风生水起的人，比如山涛、裴楷等人，潘安很不喜欢他们。其中当然也有嫉妒的原因，论才干能力，他自认不输给他们，但如今自己只是个小县令，他们却步步高升。

文人的傲气让潘安藏不住事儿，讨厌人非要明说，不仅明说，还写了下来，生怕山涛、裴楷不知道。

阁道东，有大牛。

王济鞅，裴楷鞧。

和峤刺促不得休。

——《阁道谣》

鞅，指的是拉牲口的器具；鞧，也是拉牲口的器具，一般指牲口屁股后的皮带。刺促是用来形容人手忙脚乱的样子。这歌谣明眼人一看就知道在骂人。

在当时，王济和裴楷也在美男榜上，虽比不上潘安，也算是风流人物。骂我们是吧，这下潘安被调往离洛阳更远的怀县去了。

这十多年的县令生涯不是白当的，调任后的潘安日子虽然依旧过得郁闷，但仍旧没有松懈，小小的怀县被他打理得井井有条。

终于，潘安的名声传到京城了。时隔二十多年，潘安再一次走进了京城。

此时司马炎病重，太傅杨骏权倾朝野。杨骏看中了潘安的才干，将其引入门下做了太傅主簿。事情看似一马平川地向前发展，潘安甚至可以想到以后自己的仕途是何等的风光。

可能应了那句话，上天给了你什么，你注定有些东西便得不到。

杨骏的业务能力实在不行，在朝廷上没蹦跶几下，就被政敌给整没了。连带着三族被诛灭，受其影响的足有千人。

潘安作为太傅主簿，慌神了。眼看着杨骏身边的手下一个一个脑袋落地，他觉得自己的命运可能到头了。

幸运的是此时出现了一个人，是潘安任河阳县令时所结识的一位朋友，名为公孙宏。公孙宏早年贫困潦倒，郁郁不得志，但此人也颇有才华。

河阳那地儿大多都是平民百姓，没有多少能与潘安畅谈儒学、品酒听曲儿的人，潘安甚是欣赏公孙宏的才学，二人建立起了深厚的友谊。

直到后来潘安被调去怀县，二人才因此断了联系。

分开后，公孙宏辗转成了楚王司马玮的心腹。而此人，正是杨骏的死对头。如今杨骏一死，司马玮成了权倾朝野的人。

因着旧年的交情，加之潘安一定程度上也对自己有所助力，公孙宏立刻在司马玮面前给潘安说了许多好话，还说他当时因公事在外与此事并无关系，极力帮他撇清关系洗脱罪名，潘安才逃过一劫。

但经此一役，潘安被调往长安，又成了一位小小的县令。后因母亲生病，为了照顾母亲，潘安终于辞了官赋闲在家。

仕途上的接连打击，多年来的起起落落，潘安的心境也被折磨得心如止水。或许自己真的不适合为官，加之经历过一次死里逃生的侥幸，他开始觉得，活着才是最重要的。

此时恰好司马衷继位，但这皇帝实在没什么本事，傀儡般形同虚设。朝廷上的权力被当时的皇后贾南风所把控。

贾南风掌控了权力，第一件事自然是提拔自家人。故而，凡是和贾家沾亲带故的，一律被提携了上来。此时一个重要人物出场了：鲁国公贾谧，贾南风的外甥。

贾谧虽然在朝廷上权力颇大，但他还有一颗向往文学的心，平时就喜欢诗词歌赋，时不时就在好友石崇的金谷园里举办雅集，还有一个自己的小团体，如今称之为“金谷二十四友”。贾谧和石崇熟，石崇和潘安又是好友，一来二去，潘安也成了这小团体的成员之一。

虽远离了官场，如今却攀附上了贾谧，日子过得反倒比以往更舒畅了。日子舒坦了，潘安飘了。

为了更好地稳固自己在小团体里的地位，潘安一味地谄媚贾谧，文风也越发奔放。贾谧和贾南风看太子司马遹早不顺眼了，潘安便为此做了一篇文章，通篇都是骂太子大逆不道之词。

此后太子被废，潘安的这篇文章在其中起了很大的作用。但任凭贾南风的势力有多大，这西晋毕竟还是司马氏的天下。

而后太子被毒害，这明目张胆的夺权，瞬间激起了群臣的愤怒。司马伦、孙秀联合齐王司马冏闯进宫去了结贾南风跟贾谧，“八王之乱”由此开始。

贾谧没了，这次再也没有人能救潘安了。加之此次诛杀贾谧的人中有一个是潘安的死对头——孙秀。早年间潘安很是看不惯他的小人做派，还时常讥讽他。孙秀也不辜负自己这小人的名头，一记就是十几年，终于轮到他报复了。

公元300年，潘安和石崇全族被诛，无一幸免于难。

再一次面对死亡，潘安反倒是看开了，刑场上笑着对好友说：“当初我写到‘投分寄石友，白首同所归’，如今竟是应验了，没想到咱们死在一块儿，这可能是唯一值得说的事儿了。”

木秀于林风必摧之，潘安懂这个道理，但他从不愿意因此有所隐藏。他有着非凡的面容，自幼成名，才名甚广，肆意张扬、恃才傲物才是他该有的人生。

一生所求无他，唯愿在官场上有所成绩，家中妻子能共白首。只是到头来，一切终究是一场空。

所求非所得，他终究被这纷扰的尘世所侵蚀。

慕容冲 / 传奇的人生不需要解释

文 / 琴城野老

积石如玉，列松如翠。
郎艳独绝，世无其二。

车轮辘辘，穿过雄伟的城门，一片热闹的景象映入眼帘。

这里繁华似锦，气象万千。

这里是大秦的都城，长安。

只是，再多的热闹与盛景，对于十二岁的慕容冲来说，都激不起他内心一丁点儿的愉悦。

他生平第一次来到长安，是坐着囚车来的。

百姓们惧怕军队的威严，大都远远地避开，只有几个顽童好奇地追随着囚车。

囚车里的人容貌中带着明显的异族血统，尤其是那对看起来不过十几岁的姐弟，女孩娇俏明艳，男孩亦是清秀俊美，透着与生俱来的尊贵之气。

顽童们学着大人的口吻，追着囚车喊叫："白虏，白虏。"

鲜卑族人皮肤白皙，秦人多呼之为"白虏"。

慕容冲看向一个叫得最响亮的孩童，他顶着一张平凡的小脸，穿着带补丁的旧衣，一看就知道来自贫寒之家。

可即便如此，他对这孩童也是羡慕的。

对方至少拥有自由之身，而他，已再也不是大燕的中山王，而是大秦的阶下囚。

车队浩浩荡荡地进入皇宫，载他驶向未知的命运，巍峨的宫门在他眼前缓缓关闭，将长安城的繁华隔绝在外。

皇宫之内。

慕容冲与姐姐清河公主跪在玉阶之前，任由王座上的男人打量。

男人的目光是品鉴的目光，像看着一朵娇艳的鲜花，一件华美的玉器。

慕容冲也微微抬起了眼，注视着眼前人。

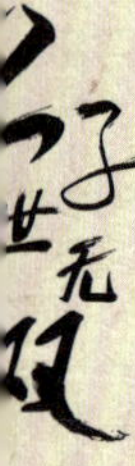

这个男人，在不久前亲自率领着大秦的军队，踏破了大燕的国都邺城。

他看着自己的眼神，与看着姐姐的眼神是一样的。

苻坚贪恋地盯着他精致的眉眼，问：“你叫什么名字？”

慕容冲扬起自己昳丽如朝阳的面容，朝他露出一个笑脸：“我叫慕容冲，小字凤皇。”

苻坚开怀大笑，走下王座，将他们双双扶起，赏下许多珍宝。

慕容冲重新垂下眼睫，掩去了目中的阴霾。

不久后，长安城中开始流传一首童谣：“一雌复一雄，双飞入紫宫。”

连街头的顽童都知道，如今的秦宫之中，唯有清河公主和慕容冲这对姐弟最得皇上宠爱。

无数大臣心中涌起担忧，上书劝谏，称苻坚将慕容氏姐弟双双纳入后宫有失体统，恐将招来祸乱。苻坚耐不住舆论压力，只好将慕容冲送出宫闱，安置在长安附近的阿房城。

慕容冲倚栏而立，听着城中的孩童唱起新的童谣：“凤皇凤皇止阿房。”他脸上不觉露出一丝意味不明的笑意。

这笑意落在苻坚的眼中，让他觉得连阳春三月盛开的鲜花都要为之失色。

美少年悠悠回首，眉目如画：“我将来会成为真正的凤凰。我听说，凤凰是百鸟之王，非梧桐不栖，非竹实不食，陛下是天之骄子，可你有办法将神鸟凤凰永远留在身边吗？”

苻坚哈哈大笑：“你且看朕如何留下你这只凤皇！”

他命人在阿房城里种下了数十万棵梧桐和翠竹，整座城池，只为一人翠盖如荫。

苻坚觉得自己就是天命所归的霸主。

他在乱世中不停地征战，很快就一统北方。西蜀和代国，一个个都像大燕一样臣服在他的脚下，征服的过程带给他无限的快意。

也正因如此，当臣僚们提醒他小心慕容氏，不要授以他们权柄的时候，他并没有听进去。

慕容氏的族人渐渐在秦国的官场立足，积累起了自己的实力。

而慕容冲，也从少年长成了青年，官授平阳太守。

他的外表愈加俊美，可谁也不知道他内心的阴霾究竟有多重。

他少年时常常望着故都邺城的方向出神，成人后，却常常望向阿房。

身边的随从曾与他说笑：“人人都说凤止阿房，太守表字凤皇，难道真的只有阿房城才是太守想要长住的地方吗？”

慕容冲也笑了，他指了指自己遥望的那个方向：“辗转多处，还是觉得那里最好。”

许久之后，那名随从才知道，慕容冲所说的“那里”，不是阿房，而是长安。

在慕容冲满二十四岁那年的冬天，一直伴随着苻坚的好运终于消失了。

苻坚想一口吞下在南方固守的大晋，却在淝水之战中伤亡惨重，他率残兵仓皇逃回北地，元气大伤。

而当年侥幸保住性命的大燕皇族，则看到了复仇的机会。

太元九年，慕容冲的叔父慕容垂、兄长慕容泓举兵叛秦，慕容冲起兵河东，率骑兵八千，与其会师，直逼长安。

苻坚独自坐在皇宫中，面色阴沉地听着一个又一个战报。

“报！抚军将军苻晖兵败不敌！”

“报！尚书姜宇在灞上作战失利！”

“报！河间公苻琳身中流矢，伤重不治！”

“报！慕容冲已带兵攻陷阿房城！”

苻坚再也忍耐不住，怒吼道：“区区一个白虏，为何这般强悍？”

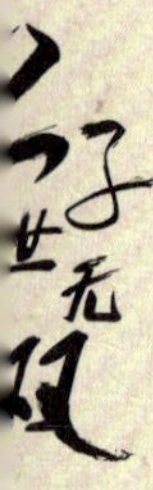

传令兵战战兢兢地道：“那慕容冲让妇人骑着牛马，举竹竿为旌旗，扬尘击鼓以壮声势，军心大振，我军……我军溃不能敌！”

苻坚坐倒在王座上，脑中一时浮现出的皆是慕容冲身穿华服的俊俏模样，他根本想象不出这样一个人身穿戎装会是什么样子。

他很快就看到了慕容冲战甲加身的模样。

他站在长安的城头，看见一个骑着高头战马、披甲持锐的年轻将军，正率领着一支虎狼之师，朝长安冲杀而来。

苻坚在城头上怒骂：“你们这群只配放羊的奴隶，为什么要来送死！”

慕容冲高声喊道：“昔日受你奴役的奴隶，今日就来把你取而代之！”

时至今日，苻坚仍然不敢相信眼前看到的一切。

他抱着最后一丝希望，派使臣送了一件锦袍给慕容冲。

“陛下口谕：你远来辛苦，这件锦袍送给你，聊表朕的心意。朕自问待你不薄，昔日的情分，你竟分毫都不念了吗？”

慕容冲听着使臣的转述，讽刺地一笑：“回去告诉苻坚，我现在心系天下，岂能顾念一件锦袍的恩惠？如果他识相，就主动投降，也许我会看在过往的份上宽赦苻氏。”

他丢弃了那件华丽的袍子，次年正月，慕容冲在阿房称帝。

苻坚听到军士们说，阿房城如今再无从前的满眼绿意。那些梧桐与青竹，早已被战火和鲜血吞没。

苻坚再看见慕容冲时，是太元十年的五月。

慕容冲终于带兵攻破了长安，苻坚身中数箭，一路逃亡，被羌族的首领姚苌勒死在新平的一座佛寺里。

站在长安城头的人，换成了慕容冲。

他看着城中的兵士们烧杀抢掠、无恶不作，俊美的面容上毫无波动。

他看着大秦的百姓们哭泣、奔逃，就想起昔日大燕城破时那相似的情景。那个当年在囚车外叫他“白虏”的孩子，不知今日是何等心情？

他觉得自己现在应该是快乐的，他终于得到了长安，报了仇，复了国。

可他又隐隐觉得，这快乐中掺杂着一丝怪异的、不舒服的感觉。

他想要打败苻坚，可当他真的打败了苻坚，却发现自己变成了和苻坚一样的人。

也许他终将与苻坚走向相同的命运，可他并不后悔……慕容冲这样想着，甩袖离开了城头。

太元十一年，左将军韩延反叛，杀慕容冲。

长安城里，再无人唱起凤止阿房的歌谣。

高长恭／能征善战的面具王者

文／晚照

兰陵王长恭性胆勇，而貌若妇人。乃着假面以对敌，数立奇功。

高长恭小时候过得很是艰难。北齐是个尚武的国家，大家都有着威武雄壮的身躯，对力量有着绝对的追崇。高长恭自幼便生得一副瓷娃娃的样貌，长得格外秀气，漂亮异常，但绝不是当下人所喜欢的面貌。身旁的随从告诉他， 有人在暗地里说他长得像姑娘，一点儿男子气概都没有。

他曾经偷偷将心中的委屈和旁人说起，但那人却是一脸嘲笑地看向他，觉得他明明出生高贵，却如此矫情，对他的苦衷十分不屑。

也是，外人眼中他的父亲可是当今皇上的哥哥，被追谥文襄皇帝的大功臣。

高长恭曾努力地想要讨好父亲，想让父亲多看自己一眼，每每得到的却是父亲淡漠的眼神。

后来他知道了，原来是因为自己的母亲，他记忆中从未见过母亲的样貌，不经意地提起，得到的却是周围人的讥讽。有人说他的母亲是一位宫女，有人说他的母亲只是民间的一位无名之辈，总之，母亲的身份之低让父亲都羞于提起。

或许连自己的出生都是个意外。

但既然能托生于这世间，活下来，才是首要的事。这是高长恭幼年唯一的目标。

没有父亲的疼爱和母亲的庇佑，想要活下去首先面对的便是他的兄弟。

大哥名叫高孝瑜，是个容貌魁伟、身形雄毅之人。大哥从小性情敦厚，很是聪慧。他自幼在神武帝的宫中长大，虽说母亲的位份也不高，但得到了爷爷的庇佑，自然不用谨小慎微地过日子。

二哥高孝珩是个爱好闲情逸致的文人，不仅才华斐然，且画得一手好画。据说他临摹的画经常让人误以为真，并且在政务方面也颇具才干。

三哥高孝琬的母亲是静德皇后，身份高贵，自幼便没受过多少苦。他

性格率真、胆识过人，肆意而活，是小高长恭最为羡慕的一种人了。

五弟高延宗的母亲身份也很低下，但他自小便被他叔叔、后来成了文宣皇帝的高洋收养了，高洋对他很是宠爱。

小高长恭知道自己没资格和他们争，只得将自己偷偷藏起来。他从未告诉过别人，虽然父亲不喜欢他，但父亲却是他最为崇拜的人。

他曾在自己的小院子里拿着木质的长枪偷偷地模仿着父亲的身形比画，一招一式到位极了。高长恭心想，论才学，自己是定然比不过哥哥们，唯愿有朝一日能挥舞着长枪、带领着军队驰骋在战场上，打一次漂亮的胜仗给父亲看。

天不假年，高长恭八岁那一年，他的父亲遇刺身亡。

听到消息的那一瞬间，小高长恭愣了半晌，他不敢相信在战场所向披靡的身躯竟然就此陨落了。院子里舞动着木枪的少年，失去了他的英雄。他甚至想，如果不生在这乱世，父亲、母亲乃至自己的兄长们，是否现在正安稳地生活在一处僻静的小村落，过着与世无争的悠闲日子。

可这乱世之中，哪里还有安定可言？处处硝烟弥漫，处处尸山血海。12 岁的高长恭此前从未亲眼看见过战场的无情，但自父亲死后，梦中离不开的便是父亲在战场上厮杀拼搏的血迹。

父亲没有做完的，那就由我来做吧。12 岁的高长恭在心中立下了此生最为郑重的誓言。

公元 560 年，高长恭正式被封为兰陵王。

公元 563 年，先是突厥的军队攻入晋阳。此时已经是并州（今山西）刺史的高长恭率兵赶赴战场，一举破敌，大获全胜。此次战役中，他起到的作用微乎其微，但这却是他人生里的第一场战役，多年的隐忍终于得以释放。

22 岁的兰陵王长相依旧和幼时那般精致，却多了份属于男子的刚毅与果敢，他为自己做了一顶头盔，大到足以遮住脸，金属的冷意泛着幽光，直直震慑着敌人。

公元 564 年，邙山之战，兰陵王高长恭的名字第一次被人叫响。

此时一群北周的军队围堵在洛阳，而高长恭依旧在并州这块地儿。接到消息后，他带着一众将领从并州赶到洛阳救援。洛阳城下，城里的北齐小士兵看着气势汹汹的队伍心里十分害怕，带头的人还是个戴着大头盔看不到面貌的人，这头盔看得让人很是心慌。

小士兵分不清是敌是友，也不敢擅自行动。大喊一声："来者是谁？"

城外的高长恭一愣，这才记起自己带了个头盔，赶紧拿下头盔示意自己的身份。看到他的脸，城里的士兵终是舒了一口气，援军来了。赶紧派弓箭手开始放箭保护他，让他进城。而后北周的军队被高长恭收拾得灰头土脸弃营而走。

此次大捷后，一首《兰陵王入阵曲》在军中唱响。

而后的几年间，高长恭率领自己的队伍打过大大小小无数的战役，从未败过。民间的百姓们甚至赋予了他"战神"的称号，好像有他在，北齐就能所向披靡。

战争与名声所带来的荣誉却始终没有让高长恭乱了心神，在他心中，自己离父亲还差得远。

后来高玮问高长恭，他当初进洛阳的时候为什么不担心自己会被城内的友军射杀。

高长恭毫无芥蒂地回答道："国事就是我们的家事，在战场上谁在意这个。"

国事？家事？你姓高，这天下也姓高，但如今的皇帝是高玮。兰陵王的一句不经意的话却在高玮心中埋下了猜忌的种子。

每每听到《兰陵王入阵曲》，高玮总觉得高长恭想要谋逆。

公元573年，再也受不了的皇帝终于动了杀心，一杯毒酒送到了高长恭面前。

酒杯拿在手里的时候，高长恭有过一阵的失神。

身侧的妻子哭着问他：“你从未想过谋逆，为何不向陛下解释一番？”

高长恭摇了摇头，战场上锋芒毕露、意气风发的不败战神，此生唯一的热血都赋予了他的国家，如今却换来了这番待遇。自己所追求的到底是什么？

他似是释怀般叹了口气，一口饮下毒酒。他的心定是牵挂着战场，但他此刻最想见到的人，却是他的父亲，他想亲口告诉父亲一句，孩儿如今是战神，孩儿做到了。

父亲，你听到了吗？你会满意吗？

韩子高／被演义化的少年将军

文／琴城野老

宗之潇洒美少年，举觞白眼望青天，皎如玉树临风前。

韩蛮子非常不喜欢自己的名字。

蛮子……听起来不好听，写起来也不好看。

可是，像他这样穷苦人家出身的小孩，名字大抵都不怎么样。即使不叫蛮子，也会被叫作狗蛋、二傻、三麻子什么的。

所以，当那位雍容高贵的官员问他，愿不愿意改个名字跟随自己的时候，韩蛮子几乎没有任何犹豫就答应了。

“从今天起，你就叫韩子高。”官员温和地说。

韩子高，韩子高……

他默默地吟读，反复地吟读，喜悦的心情溢满了十六岁的少年心。

新的名字，是不是也意味着新的命运？韩子高不知道，他只知道，官员给他取的名字他很喜欢，官员本人也让他很喜欢。

其实那天他原本只想蹭个车回家乡，没想到遇见了官员，糊里糊涂就有了进入官宦人家侍奉的福气。

后来他问其他人：“主公看中了我什么呢？”

对方十分坦然地回答：“因为你长得好看呀。”

韩子高知道自己长得好看，大家都说他清丽俊美，就像女子一般。俗话说爱美之心，人皆有之，容貌美丽的人，运气都不会太差。

但韩子高觉得，除了美貌，自己一定要有别的本事，才对得起主公的看重和提携。

接下来的几年，韩子高的心情一直都围绕着五个字波动：万万没想到。

万万没想到，他跟随的人就是鼎鼎大名的吴兴太守陈蒨。

万万没想到，三年后，陈蒨的叔父陈霸先夺权称帝，建立大陈，陈蒨被封为临川郡王。

万万没想到，短短两年之后，先帝病故，陈蒨继位，成了大陈的新帝，他也有了官职，被任命为右军将军。

不过，对于韩子高来说，穷小子也罢，侍从也罢，右军将军也罢，他都是韩子高，仅此而已。

就像主公，他是吴兴太守陈蒨也好，临川郡王陈蒨也好，大陈皇帝陈蒨也好，他始终还是那个主公。

无论什么时候，韩子高对陈蒨都是恭敬谨慎，侍奉尽心。他为陈蒨端酒送食，甚至随身带着刀，时时保护陈蒨的安全。陈蒨也一直十分宠爱他，教他骑射，配给他士卒，他想学的都可以学到。

两人几乎形影不离，绝少有分开的时候。

他们唯一的一次分离，是讨伐张彪那一次。

本来陈蒨的兵马已经占领了城池，不料张彪回军偷袭，陈蒨被迫从北门逃出，兵卒都被冲散，敌军又咄咄逼人，情势陷入万分危急之中。

“为今之计，只有冒险突围，找到镇守在附近的周文育将军，请他驰援，才能解除困局。”陈蒨说。

韩子高毫不迟疑，拱手请命：“子高愿往！”

陈蒨怔了一下。在他心里，韩子高还是那个稚气未脱、永远恭谨地跟在自己身后的美貌侍从。他从未想过，他与自己也会有生死交托的一天。

他在火光与剑光中看到韩子高俊俏而带上了几分坚毅的脸，才恍然发觉，不知从什么时候起，韩子高已然真的有几分少年将军的样子了……

韩子高没有来得及与陈蒨诀别，就转身冲入了乱军中。

夜色黑沉，他眼前看见的都是刀枪与战火，耳中听到的都是厮杀与搏斗声。

但韩子高没有丝毫的惧怕。此时此刻，他脑中想到的不是输赢，也不是生死，而是一个梦。

那是陈蒨的一个梦。几年前，陈蒨从睡梦中惊醒，他紧紧握住韩子高的手，很久都没有放开。

韩子高问："主公梦见了什么？"

陈蒨说："我梦见自己骑着马登山，道路险峻，我差一点跌落山崖，危急时刻，有一个人及时伸手扶了我一把，我才安然无恙。"

他面含微笑，握着韩子高的手更用力了些："就是你的这双手，我记得这种感觉。子高，你必是我命中的贤才良助！"

那一刻，韩子高心中震动，不知说什么才好，只觉得能得到陈蒨这样的信任，哪怕为他赴汤蹈火也心甘情愿。

他带着与那天相同的心情，一路冲杀出去，没有半点迟疑和畏惧。

他最终奇迹般地闯出了乱军，找到了周文育，引着陈蒨和军士们进入周文育的军营中，合力打败了张彪。

自此，浙东地区全线平定，陈蒨的声威也有了很大的提升。他将大部分的人马都交给韩子高统领，韩子高礼贤下士，军士们都乐于归附于他。

做了皇帝的陈蒨仍然十分信任和喜爱韩子高，赐给他封邑和县子的爵位，封他做了将军。凡是韩子高举荐的将士，陈蒨也都爱屋及乌，欣然任用。

天嘉二年，一群小宫女偷偷聚在宫墙边上，朝建康宫的方向张望。

"听说韩子高将军平定了留异之乱，今天要入宫面圣，消息绝对可靠。"

"我听璇玑殿的姐姐们私下里议论，说韩将军长得比汪贵妃还好看呢！”

“嘘，来了！”

宫女们紧张地看过去，却齐齐被吓了一跳！

只见一个二十多岁的青年快步走向宫门，他长相俊美清丽，若不是身穿甲胄，几乎就像是一个美貌的女子，的确比宫中最得宠的妃嫔还要好看。

可是他脖子上裹着厚厚的药布，似乎受了重伤，头顶的发髻也被削去了一大片，看起来十分吓人。

“真是不明白，明明靠美貌和宠爱就能过得很安乐，为什么还要去战场上拼死拼活呢？”一个小宫女喃喃地说。

一个更年长的宫女若有所思地说：“美貌有时会成为一种负担。那么多人都说韩将军是以色侍君，可他为大陈流过的血和汗又有几人真正看得见呢？”

韩子高在天嘉六年的时候脱下了心爱的甲胄。

陈蒨病倒了，韩子高又换上普通的服饰，进入宫中精心侍奉在皇上左右，就像很多年前他刚刚追随陈蒨的时候那样。

次年，陈蒨驾崩。

韩子高觉得，自己生命中的一部分仿佛也随着陈蒨的离世而死去。

年幼的小皇帝看起来是那样单薄无措，而站在旁边的辅政大臣皇叔陈顼，目光则沉稳锐利，隐隐包藏着对权力的渴望。

韩子高知道，自己淡出朝堂的时候到了。

然而，放弃了京中的权力，交出了手中的兵权，也没有换来一个安稳的余生。

一年后，陈顼以谋反的罪名将韩子高下狱，当夜赐死。

在生命的最后一刻，韩子高又想起了十六岁那年，自己在返乡的路上初遇陈蒨时的情景。

“从今天起，你就叫韩子高。”

韩子高闭上眼睛，心绪随着那个熟悉的声音渐渐飘远。

他在心中无声地说：如果有来世，我还要做韩子高。

shi

shuo

xin

yu
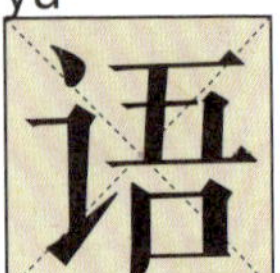
ba
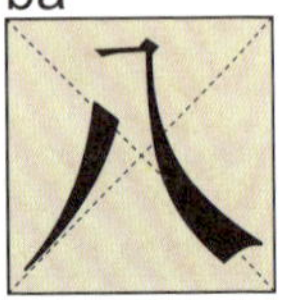
zhou

kan
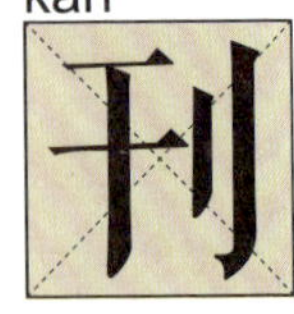

魏晋娱乐
头条八卦

追星少女看过来，
你喜欢的偶像都在这里！
走过路过不要错过，
错过等十年！

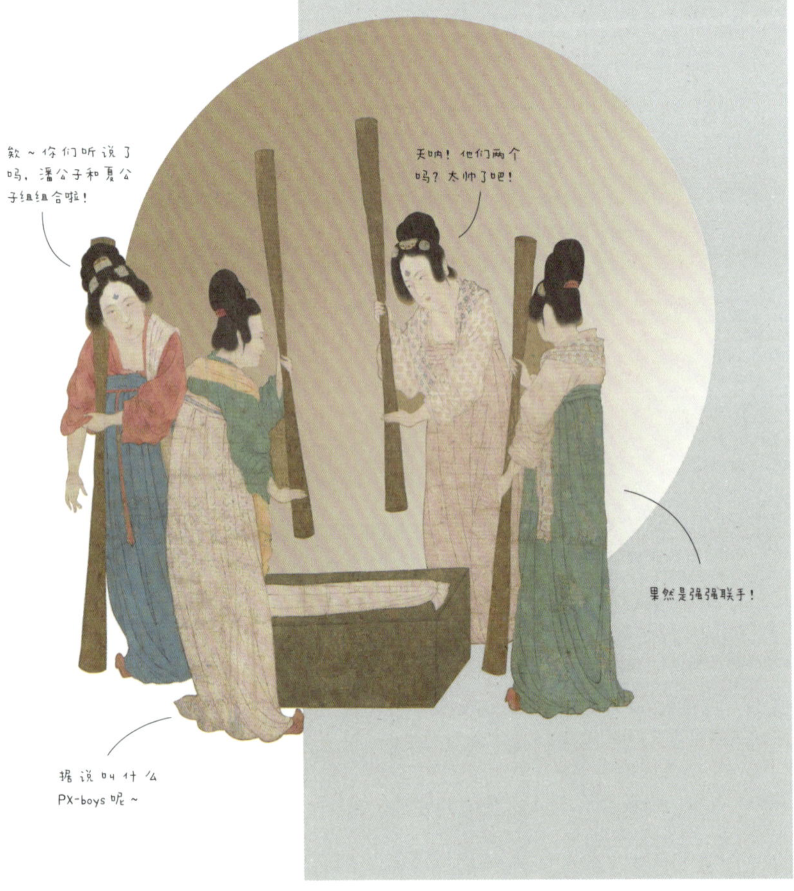

欸～你们听说了吗，潘公子和夏公子组组合啦！

天呐！他们两个吗？太帅了吧！

果然是强强联手！

据说叫什么PX-boys呢～

今日头条

潘安×夏侯湛

PXboys 最美男团横空出世！

小惠是一名普通的西晋追星少女。只是她追的明星，不是别人，正是著名的美男子潘安。她隔壁的小美，则喜欢富家公子范儿的夏侯湛，平日里两人互相看不顺眼，经常为谁的偶像更美这种问题产生争论。

这天，小惠听说潘安来了，她立刻拿着准备好的蔬菜水果，前去大街上一睹偶像风采。没想到，半路上，她竟然遇到了隔壁的小美。奇怪，这家伙难道爬墙喜欢上了潘安？

小惠顺着人流卖力地向前挤，终于看到了自己心仪的美男子潘安……和另一位美男子夏侯湛在一起。两人结伴同行，神态亲密，隐约在讨论着什么“通韵”“作赋”之类的东西。围观少女们纷纷尖叫：“太帅了吧！”“这两人在一起简直就是玉之连璧！”

从此，小惠和小美有了共同的追星目标——P（潘）X（夏）boys。

今日头条

吐槽小王子孔融

不是我说，在座的各位都是垃圾

在魏晋时期，小透明要想一举成名，必须结交当地名士，混进当时的文人圈子。

孔融的父亲也是这么想的。他带着年仅十岁的孔融来到洛阳，去拜见当时的监察部一把手、大名士李膺。

两人兴冲冲地来到李膺家后，被门卫拦了下来。李膺这种大人物，当然不能随便拜访，必须得是有头有脸的人物才行。

很明显，孔融跟他父亲都不怎么符合通行标准。

情急之下，孔融灵机一动道：“我是李膺的亲戚。”

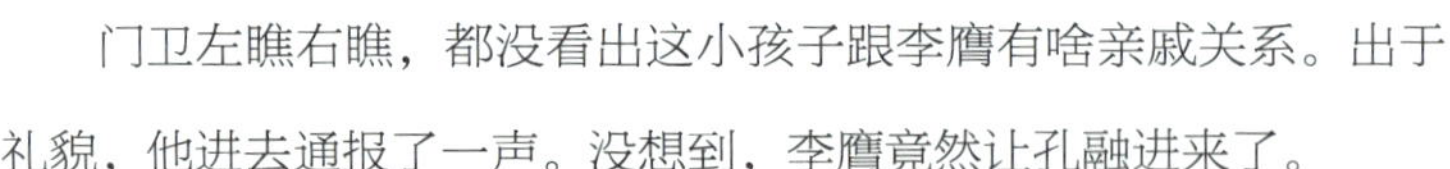

阮籍真是可可爱爱呢！

门卫左瞧右瞧，都没看出这小孩子跟李膺有啥亲戚关系。出于礼貌，他进去通报了一声。没想到，李膺竟然让孔融进来了。

孔融跟父亲进去以后，李膺上下打量他道：“奇怪了，你跟我有什么亲戚关系？”

孔融机智地回答：“从前我的先人孔子，曾经拜您的先人老子为老师，这样看来，我们简直是世代交好的亲戚啊！”

说得好有道理，令人完全没办法反驳呢。

所有人都在赞叹孔融的聪明才智，只有陈韪在旁边有些酸酸地说：“小时候很聪明的人，长大以后一般都不咋的。”

孔融眨了眨眼睛，说：“那我猜你小时候一定很聪明吧。”

陈韪：“……”

今日头条

王戎惹争议

要被踢出七贤席位

大家都知道，竹林七贤里面的人物如嵇康、阮籍等人，不仅风度翩翩，还活得潇潇洒洒，几人经常在竹林里吟诗饮酒，十分快活。

不过近日，竹林七贤中年纪最小的一位王戎却引起了大众热议，起因竟是一枚小小的李子。

王戎家有一大片果林，里面种的全是李树。他们家树上结出的果实，又大又甜，是远近闻名的知名农产品。王戎想卖掉这些李子大赚一笔，又怕有人拿到李子核之后假冒伪劣他们家产品，于是他在每个李子核上钻了个洞。

围观群众十分震惊，还有这种操作？！

又有小道消息称，每天王戎都会跟自己老婆一起在蜡烛底下数钱，活脱脱一个魏晋版的“吝啬鬼葛朗台”，哪有什么恃才傲物的名士风采，由此引起了竹林七贤粉丝的强烈不满。

不过，王戎身上的铜臭味，他的好朋友兼推荐人阮籍也有所察觉。有次竹林七贤里的几人聚在一起玩耍，王戎是最后一个到的，阮籍便跟他开玩笑：“这个俗物又来败坏大家的兴致了。”

王戎倒是一点都不玻璃心：“你们的兴致如果我都可以败坏，那也太不值钱了。”

虽然粉丝们不待见王戎，不过王戎跟阮籍的关系依然不错，看来，王戎将继续保留自己在团体里的一席之地。

今日头条

『美容大王』何晏

揭秘美白秘诀：五石散

国民美男何晏向来以肤白闻名，近日，何晏为本栏目独家揭秘其美容秘方：“服五石散，非唯治病，亦觉神明开朗。”

所谓的五石散，是一种中药散剂，据说最早是由东汉大医学家张仲景发明的，药性燥热，能根治伤寒，因此也叫“寒食散”。

五石散的毒性很大，吃起来很麻烦，作为五石散的代言人，何晏率先将药方略做改良之后服用，打开了人生的新天地：吃了五石散之后，不仅能治病，而且精神好了，腰不酸腿不疼，一口气上七八楼都不喘。长期服用，更能使皮肤柔嫩细腻，达到美容养颜的效果。

据不愿意透露姓名的刘先生表示，百分之八十的当代名士，例如裴秀、嵇康、王戎、皇甫谧、贺循、王羲之、王献之、王微、鲍照等人，全都偷偷服用过五石散。

药药，切克闹，有病没病来一套！

今日头条

大名士阮籍移情别恋，日日睡在酒家老板娘身边

本人用行动回应：纯属子虚乌有

据悉，阮籍的好朋友王戎过来找他玩时，两人经常去邻家的酒垆喝酒。恰好酒垆的老板娘长得特别漂亮，阮籍喝醉之后，就躺在老板娘身边呼呼大睡。

老板娘的丈夫感觉自己头上有点颜色，他趁着阮籍大醉的时候，躲在旁边悄悄观察，想来个捉奸在床，没想到阮籍真的就是单纯的喝醉睡觉而已，对美艳的老板娘一点都不感兴趣。

老板娘老公：“还有这种操作？！”

今日头条

嵇康发表新作《与山巨源绝交书》

嵇康与山涛的友谊陷入巨大危机！

本报绝密消息，“竹林七贤”发生了内讧！据悉，曾经的好基友嵇康与山涛，因为一封信闹了矛盾：山涛想劝嵇康出仕当官，接替自己原来的官职。

嵇康收到信之后很生气：“哼，最讨厌司马家那群伪君子了，我才不要去呢！”

为此，嵇康写下《与山巨源绝交书》，两人友谊的小船说翻就翻。不知道司马家族对此有何感想，本报后续将对司马昭进行独家专访。

你可能感兴趣的还有：

第 48 届竹林品酒会，阮籍 X 嵇康联袂主持

本周最 hot 单曲《最炫洛神赋》

已见风姿美，仍闻艺业勤。

清秋上国路，白皙少年人。

【智慧担当】周瑜/江东风流美丈夫

文/琴城野老

曲有误，周郎顾。

一曲新声惨画堂，可能心事忆周郎。

在遥远的东汉时代，生活在吴越地区的青春期少女们想要向男神表达芳心的时候，有一种很独特的方式，那就是给男神弹曲儿。

不但要弹，还要故意弹错几个音，以博得男神的注意。

所以，那时候的少女日常追男神的情景，通常是这样的——

少女春花：“技术讨论：如何毫无破绽地弹错曲谱，成功引起周郎回头？”

少女夏荷：“我认为时机很重要，万一弹错的时间没把握好，周郎喝高了没听出来，那就尴尬了。”

少女秋月：“你想太多了吧，我们周郎的音律造诣一向精湛，就算喝上一斤酒，也照样听得出弹奏者出现的小差错。”

少女冬雪：“周郎周郎看看我！”

这些少女们所讨论的，就是发生在当时东吴一位男神身上的真实典故“曲有误，周郎顾”。而这位“周郎”，就是东吴的名将周瑜。

要知道，在古代，“郎”这个字可不是随便用的，只有年轻俊秀的男子才可以被称为“郎”。就像周瑜这样，不但相貌堂堂，还拥有精通音律这项加分技能，这才赢得了“周郎”的美名。

帅到让万千江东少女为他芳心牵动，不惜弹错曲调也要博得他一个眼神，想想也知道周瑜的相貌不是一般的俊美了。后世的人常常借用这个梗，来描写女子对姿容俊秀的男子表达倾慕之情。

对于周美男的形象气质，那些认识他的人都给予了很高的评价：

首先是周瑜的好朋友兼第一任 boss 孙策称赞道：“周公瑾是我发小，人长得帅又很有才，和我搭档那叫一个默契无双。”

第二任 boss，孙策的弟弟孙权也不含糊夸道：“周公瑾就是上天赐给我的瑰宝，才貌双全，没有他，我就当不成皇帝。”

东吴阵营将领八卦团：“我们主公孙权最喜欢赐周瑜衣服，一年下来能送他上百件。我们都没有这个待遇，只有看着他隔两天就换一身造型的份儿。周瑜打了胜仗回来，主公还命人撒花迎接，难道长得帅就是有特权吗？”

孙权：“好衣服和小花花，就应该送给长得帅的人！”

就连对家蜀国的领袖刘备也不得不承认：“周瑜确实相貌出众，文武

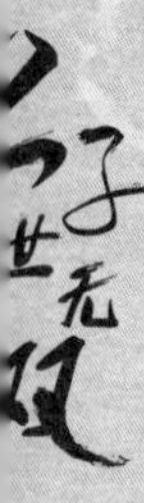

双全。这种人是不会满足于只当个二把手的吧？你们东吴孙家确定不防着他点？”

孙策、孙权、东吴阵营将领异口同声：“想黑我们东吴的颜值加智慧担当吗？你挑拨得太明显了！”

三国著名枭雄曹操也表示刘皇叔真是太天真：“我早听说过江左有个周瑜，年少有美才，当年就秘密派蒋干挖过墙角，可惜没挖过来。话说回来，如果周瑜这么容易就投奔了我，他在大家心目中的形象也就没这么完美了。”

当然，对周瑜的形象概况得最经典的，还要数苏东坡那首脍炙人口的《念奴娇·赤壁怀古》：

遥想公瑾当年，小乔初嫁了，雄姿英发，羽扇纶巾。谈笑间，樯橹灰飞烟灭。

让我们来想象一下这个画面：头戴纶巾，手摇羽扇的周瑜，举手投足间都显得风度翩翩，光彩照人。与人说笑闲谈的时候，就完成了火烧赤壁、击退曹操几十万雄兵的壮举。

这是周瑜人生最巅峰的时刻，那一年他三十三岁，官拜东吴大都督，与刘备合兵，挥师三万，在赤壁和曹操决战，并且凭着出色的智谋和军事才能大获全胜，从此奠定了天下三分的格局。

苏轼在这首词中，对周瑜的丰神俊朗进行了毫不吝惜地赞美，但最重要的是，他还写出了周瑜有一个比外表更圈粉的加分点，那就是：明明可以靠颜值，他却偏偏要靠才华。

颜值，只是周瑜众多优点中的一个。才华，才是让他名垂青史的根本原因。尽管周瑜只活了短短的三十六岁，但他三十六年的人生，却称得上是波澜壮阔的一生。

十六岁的时候，周瑜慕名前去拜访与自己同年的孙策，两人意气相投，一见如故。周瑜劝孙策带着家人搬到庐江，还让出了自家宅院给孙家居住，从此和这个江东最大的军阀世家结下了一生的缘分，也开启了自己未来辉煌事业的大门。

二十岁那年，周瑜正式加盟到孙策麾下，帮助孙策平定江东。三年后，孙策封周瑜为建威中郎将。从这一年开始，周郎的美名传遍了整个吴中。

孙策遇刺身亡后，孙权继承家业，他的母亲是个明白人，说周公瑾和你哥同岁，只比你哥小一个月，我拿他当亲儿子一样，你也得把他当成亲哥一样商议大事。

孙权是个很听妈妈话的娃，他十分重视周瑜的意见，大事小事都和周瑜商量。

那时候东吴的形势其实比较严峻，各个州郡还没有完全归顺，孙权手下的人才也不多，北方的曹操又虎视眈眈，频频催促孙权送人质给自己以表忠心。

在这种关键时刻，周瑜的各种强项就体现出来了，无论小细节还是大决断，他都完美展示出了东吴第一智慧担当的风范。

强项之一：高情商

话说当年周瑜回来给孙策奔丧，留在孙权身边帮他掌管军政。那时孙权还没有称帝，名义上只是个将军，所以大家平时行礼都使用简单的宾主礼节。

只有周瑜一个人例外，他对孙权行的是君臣之礼。

其他人内心：这操作是不是太彪悍了一点？显得我们没啥事业心似的。

孙权内心：这就是称帝的感觉？我喜欢……

但周瑜并不在乎别人的看法，他对自己的好朋友鲁肃说：“古人说，

不只是君主在选择臣下，有时候臣下也在选择君主。孙权是一位值得托付的明主，必定能建立起帝王的基业，有眼光的人都应该选择这样的主公一展抱负。”

一席话说得鲁肃直点赞，还顺带给孙权提前刷了一波帝王人设，这情商水准在东吴团队里绝对是名列前茅了。

强项之二：强大的政局分析能力

就拿送不送人质给曹操这件事来说，周瑜是这么给孙权作成本收益分析的——

周瑜：“这个问题很好解决，假设我们送了人质，我们能得到什么？”

孙权：“顶多给我封个有名无实的爵位，送我点车马仆人。”

周瑜：“这不就结了，我们江东差这点赏赐吗？向曹操俯首称臣，哪有我们自己称霸江东来得痛快？”

孙权：“有点懂了，那假设我们不送人质，我们会失去什么？”

周瑜比了个心：“很好，主公已经会举一反三了。如果曹操真能一统天下，我们再表忠心也不晚。如果曹操图谋不轨，成不了大事，我们当然要不客气地和他一争天下。现在我们江东人马强壮，民生富庶，绝对有这个资本和曹操抗衡。”

孙权：“好有道理，听你的没错！”

强项之三：出色的军事谋略

建安十三年，曹操占据荆州，眼看就要打到东吴来，东吴的臣僚们分成了主战和主和两派，争论不休。这时候，周瑜站出来跟主和派进行了一场理性辩论。

主和派：“曹操有八十万大军！双方相差太悬殊了，打不过打不过！”

周瑜：“虚的，曹操从中原带的兵马顶多十五六万，刘表的降兵还不和他一条心。”

主和派："十五六万也比咱们多吧？"

周瑜："现在已经是秋冬季节了，天气寒冷，马没有草吃。曹军远途跋涉，人马疲惫，战斗力肯定大打折扣，还有马超、韩遂这两个心腹大患在函谷关等着背后捅曹操的刀子，不用怕。"

主和派："可是曹操已经收了刘表训练好的水军，摆了上千艘战船沿江直下，我们已经不占有长江天险这个最大的优势了。"

周瑜："北方人陆战在行，但根本不擅长水战。打水战，我们东吴才是行家！"

主和派："……你行你上！"

周瑜："我上就我上，给我精兵三万，保证把曹操打回老家。"

于是，周瑜密令黄盖诈降，来了一出"周瑜打黄盖，愿打愿挨"的苦肉计。又准备了几十艘战船，装满了浇上火油的柴草，将一些轻便的小船系在大船后面，让黄盖率领着船队驶向曹军阵营。等到曹军信以为真，他们就解开小船，点燃大船，借着风势一把大火将曹军的战船烧了个干净。

曹操元气大伤，不得不退兵北还。而"火烧赤壁"这场周瑜的成名之战，也成了三国时代最著名的以少胜多的战役。

也许是因为身上的光环太多太耀眼，也许是因为天妒英才，周瑜只活了三十六岁就病逝了。然而，周郎"世间豪杰英雄士，江左风流美丈夫"的美名，却留在了史册之中，直到今天都为人们称赞。

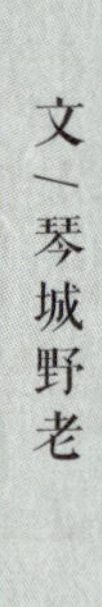

文/琴城野老

【武力担当】赵云/乱世美少年，绝地孤胆英雄

云奔走四方，择主而事，未有如使君者。今得相随，大称平生，虽肝脑涂地，无恨矣。

问题描述：三国时传说中的武力担当赵云，最经典的是哪一战？

12,306人关注 | 103个回答

刘备

9,996 人赞同了该回答

谢邀。

如果题主拿这个问题去问关羽，问张飞，问黄忠，他们一定会说起子龙打过的很多大胜仗：平荆州、定益州、汉水之战、扫荡西川……

但我要说的是一场败仗：长坂坡之战。

那一年曹操大军南下荆州，我被刘表的败家儿子刘琮狠狠摆了一道。

刘琮这个没出息的娃继承了刘表的事业，却没胆子跟曹操正面刚，不战而降不说，还把消息瞒着我。等我发觉此事的时候，曹操的大军已经打到宛城了。

凭我当时的兵力，打是打不过的，只有逃了。荆州有十多万百姓自愿追随我一起逃亡，很多人劝我说：“不要带着百姓，这样会拖慢行军速度。”

但是，我一直以来是个什么人设，你们也都知道。

我怎么忍心抛下这些忠心追随的百姓？当然是选择带着他们一起走。

百姓行进缓慢，粮草辎重又多，我的大军在当阳的长坂坡还是被曹操麾下的精兵虎豹骑追上了。

那是我平生最狼狈的一天。

震天的杀声中，我的军队溃不成军，我连妻儿们也顾不上，只好率领着赵云、张飞、诸葛亮这几个心腹亡命奔逃。

就在这个时候，我手下最得力的虎将赵云不见了。

你们要知道，不管古代还是现代，一个团队里最拉风的人永远不缺人黑。

马上就有人说：“赵云一定是见势不妙，投降曹操去了！”

我听到这句话的回应是——拿起我手里的短戟，把这人揍到闭嘴为止。

“子龙是不会弃我而去的！”我也不知道我为什么会这么坚定。

无论多少年后，我都清晰地记得，我重新看见子龙时的那个情景：

一名浑身浴血的大将，怀里抱着我的幼子刘禅，手持长枪，护卫着我的妻子甘夫人，出现在我的面前。

战神。

我和所有人看见他的那一刻，心中想到的就只有这两个字：战神。

在大家都逃命逃得不知东西南北的时候，子龙一个人，单枪匹马杀回了敌阵，面对曹军最骁勇善战的虎豹骑也没有丝毫退缩，只为了救回我的妻儿，也奇迹般地完成了这个几乎不可能完成的任务。

战神之名，赵云当之无愧！

…

1742 条评论　　⇆切换时间顺序

匿名网友： 我想采访下刘皇叔，你为什么会这么无条件地信任赵云？

子龙迷弟战神控： 皇叔打字慢，我先来抛砖引玉回答一下吧。虽然我们子龙哥是凭实力当战神的，但我想说，我男神其实在各方面都很完美！颜值、战斗值、人品，样样满分，天然就让人有信任感。

匿名网友： 是吗？一直以来对赵云的印象主要是能打，别的不太了解，没想到他颜值也很高吗？

1742 条评论　　⇆切换时间顺序

子龙迷弟战神控： 当然！史载他身高至少一米九，身姿雄健，相貌堂堂，属于长相俊美又有肌肉的健气型。请自行脑补一位白马银枪、俊美不凡、气场爆棚的将军，试问当这样一个人站在你面前的时候，谁心里的好感度不是噌噌暴涨呢？

刘备（答主）： 楼上网友说得甚是有理。所谓相由心生，子龙姿容俊美，说他是我们蜀汉的看板郎也不过分。但是，我对他这么信任，当然不仅仅是因为他颜值高，还因为我和他是一起打过仗，一起遭过罪，还在一个床上睡过觉的交情。

匿名网友： 我仿佛发现了什么了不得的八卦？！

刘备（答主）： 要不再开个问题咱们详聊吧。

匿名网友： 可以有！

···

问题详情：历史上真实的赵云是一个什么样的人？

10,235人关注　　308个回答

刘备

9,992 人赞同了该回答

再次谢邀。

赵云还不在我们蜀汉团队的时候，我和他的交情就很深了。

最早的时候，他是公孙瓒的部属，身长八尺，姿容俊伟，最重要的是他的武力值相当高，让我一见难忘。

从那时候，我就想着，有朝一日，一定要让这样的人才管我叫主公。

后来，我兵败徐州，去投奔了袁绍，赵云跑来邺城和我约了个饭。我们俩在一张床上睡觉，还开了个只有我们两个人的卧谈会，商量出一件大事。

我跟他说："兄弟，你秘密招募上几百名精兵，拉起你自己的队伍，对外就说是我的部属，我的就是你的！"

赵云这个人是很重情义的，我这么大一个人情砸下来，把他感动到不行，当场就跟我表了态："你的就是你的，我的还是你的！"

后来我去了荆州，赵云果然带兵追随，从此刷新了蜀汉武将战斗值的上限。

其实，我的身边从不缺少武将，别的不说，我的两个兄弟关羽和张飞就都很能打。

在我们武将如云的蜀汉，赵云能留下"常胜将军"的千古美名，成为后世人心目中战神一样的存在，不仅仅是因为他强大的武力值，更是因为他有勇有谋的个性和忠诚正直的人品。

赵云的一生身经百战，他追随着我战博望、平荆州、入川蜀、攻汉中，立下了无数战功，除了堪称经典的长坂坡之战，他生命中最为辉煌的一场代表战役，就是汉水之战了。

建安二十四年，我的死对头曹操率领大军攻打汉中，并且在北山下屯了很多军粮。黄忠带兵赴北山夺取曹军的军粮，迟迟不回。于是，赵云就带着几十骑人马出了军营查看情况，结果冤家路窄，正好碰上了曹操的先锋营大军。

以下我转贴一段当年抓住的曹营俘虏的心路历程实录：

看见赵云就带了几十个人的时候，我们的内心是狂喜的，因为终于可以以多欺少虐他一回了！

但赵云这家伙好像丝毫都没在怕的，他冲到我们阵前就开始突击，一边打一边让身边的人撤退。

我就很气：一个人就敢玩突击，我们先锋营不要面子的啊？打他！

然而真打起来，我们才发现赵云的攻击力太可怕了，可怕得像天神下凡，大军这么多人竟然完全阻挡不住他的去路，他很快就冲破了我们的阵型，突围而出，退回了汉军营。

我很不服：岂有此理！把阵地当步行街吗？不行，生擒不了赵云也得想办法挽回点面子！

这回，我们总算完成一个小目标：成功包围了赵云的部将张著。

没想到，赵云一看张著被围，掉头打马又从汉军营里冲了出来，一番突击之后，我们居然眼睁睁看着他把张著救了出来，带回了汉军营。

张著那厮还感动得热泪盈眶地说："跟着这样的主将就是有安全感！"

我真心气得想吐血。

这时候，我军已经开始全线追击，非要把赵云打个落花流水不可。大军杀到汉军营寨门口，却看见营寨大门敞开着，里面的汉军偃旗息鼓，一点也没有打仗的气氛。

这个诡异的操作让大家都心生疑窦：什么情况？该不会是有伏兵吧？

于是，我军决定小心为上，先退一退再说。

不料，我军刚开始撤退，赵云一声令下，战鼓声震天响起，汉军拿起弓箭就是一轮暴击，我们被打得措手不及，被乱箭射死的，自相踩踏掉进汉水中淹死的一片又一片……

我发出了声嘶力竭地呐喊："赵云你这个奸诈之辈居然阴我们！"

赵云微笑："就等着你们退到弓箭最佳射程内呢。"

然后？

然后就没有然后了。我被俘了，曹军退兵了。汉水之战，成了我们这

些曹兵的噩梦。

转播完毕，以上都是实锤，各大阵营皆有相关记载。

第二天我亲自到军营视察战场，一看这个拉风的打法就知道当时的战斗现场有多精彩。

我真情实感地点了三十二个赞："子龙一身都是胆啊！"

那一日汉军营设宴庆功直到太阳落山，从此，军中都管赵云叫"虎威将军"。

不过，武力值高，只是赵云的优势之一，更难得的是他重情重义。无论是对我这个主公，还是对跟随他的下属，但凡遇到险境，他都能拼尽全力去营救。

赵云做人非常沉稳谨慎，而且深明大义，我只说两件小事，你们就懂了。

一件是在赵云帮助我平定荆州以后，我任命他为偏将军，兼任桂阳太守。

那个投降的桂阳前任太守赵范看见赵云正当红，起了在他面前刷好感的心思。他有一个守寡的嫂嫂樊氏颜值特别高，就提出想将樊氏许配给赵云。

没想到赵云半点都不动心，而且拒绝的理由还让人无法反驳："你和我都姓赵，你的哥哥就像我的哥哥，你的嫂子也就像我的嫂子。"

真是委婉而不失礼貌地拒绝！

不过当时有很多人不理解赵云的做法，都劝赵云接受赵范的美意，赵云说："赵范是被迫投降的，心思难测，天下间好的女子又不止这一位，我何必非要跟他当亲家呢？"

没过多久，赵范果然伺机逃走了，赵云则完美闪避了这场祸端带来的牵涉。

什么叫先见之明？这就是了。

什么叫真英雄？能过美人关的英雄才是真英雄啊。

另一件事，则发生在我攻克益州以后。

那时候的赵云已经是翊军将军了，打下成都以后，我打算发一轮福利，把成都的田地房产赐给众将士。

像这种好事，众人都是一万个支持，只有赵云提出了反对意见。

他对我说："主公还记得名将霍去病的名言吗？"

我说："记得呀，匈奴未灭，何以家为呗。"

赵云："现在我们的处境比霍去病那时候还恶劣，因为国贼不止匈奴一个，局势还没有稳定到可以安心享乐的时候。"

我问他："那你觉得应该怎么处置这些田产？"

赵云："益州的百姓刚刚才经受了战火的摧残，现在应该将田产都还给百姓，先让他们安定下来，然后服兵役、纳户税，这样一定能得到益州的民心。"

不得不说，这一席话直接戳中了我的痛点。

我刘玄德生平最看重的可不就是民心所向吗？

于是我当场就拍了板："子龙言之有理，准了！"

众将："虽然福利分房没了，但道理还是让人服气的。"

当然，好评率最高的还是广大的百姓，在赵云的劝谏下，百姓们得以拿回田产，休养生息，他们都很感谢我，对蜀汉政权的稳定起到了很大的作用。

这就是赵云。

后世很多人评价赵云有辅国大臣的气度，不能仅仅用名将这个词来定义，这也说出了我心中的想法。

戎马一生的赵云，在战场上立下了无数功勋，人称"常胜将军"。

同时，他一生忠勇正直，心怀天下苍生，在做人这方面，也同样是一位"常胜将军"。

【风度担当】褚渊 / 公主求而不得的男人

文 / 琴城野老

已见风姿美，仍闻艺业勤。

清秋上国路，白皙少年人。

悦来茶楼今天的生意也是红红火火，茶楼掌柜看着宾客满座的大堂，笑得眉眼弯弯。

能有这么好的生意，不是因为这里有全京城最好喝的茶饮，也不是因为这里有全京城最英俊的店小二，而是因为——这里有全京城独一份的说书故事。

悦来茶楼的说书先生讲的《南朝风云》，一经推出就火遍全城，场场爆满，充分满足了广大群众的八卦之心。

只听大堂正中的说书先生把手中的醒木一拍，开始了今天的讲解。

“今天要讲的这位，又是南朝的一个风云人物，他是刘宋和萧齐两朝的宰相，还是一位驸马，不但家世尊贵，事业有成，人也是风度翩翩、相貌堂堂，称得上是南朝十大杰出青年、众多少男少女心中的偶像。”说书先生深谙人心的特点，寥寥几句，就吊足了茶客们的胃口。

众人纷纷催促起来：“这么厉害？到底是谁呀？别卖关子了。”

说书先生折扇一打：“他就是娶了宋文帝爱女南郡献公主的名臣——褚渊。”

茶客中爆发出一阵热闹的议论声。

一个黄衫少女大着胆子问：“能娶到公主的人，相貌一定很俊朗吧？”

身边的小姐妹赶紧拉了拉她的衣角：“矜持点，矜持点。”

说书先生会心一笑：“这位客官说得不错，褚渊这个人是出了名的仪表堂堂，气质出众，一举一动都很有风度。诸位可知道他风度优美到什么程度？每到朝会的时候，文武百官都忍不住伸长脖子看他的行为举止，连外来的使臣也是这样。宋明帝曾经说：‘褚渊光凭着这迟行缓步的美好姿态，就足以做宰相了。’”

“别人上朝是上朝，褚渊上朝是走秀啊。”

“对呀，因为褚渊的风姿实在太好看了，所以‘褚渊范儿’就成了当时的士大夫们争相效仿的典范。而且，褚渊的才艺也很出众，他擅长弹琵琶，世祖还是太子的时候，曾经特意赐给他一把金缕柄银柱琵琶，才子配名器，一时传为佳话。”

茶楼里响起此起彼伏的赞叹之声，当然，大部分都是姑娘们发出来的。

在场的男子们不禁有点酸酸的，有人马上反驳道：“不见得吧，我怎么听说，褚渊这个人白眼珠多，黑眼珠少，你们想想能好看到哪里去？”

说书先生笑道："客官莫急，让我来给你科普一下。你所说的，其实正是南朝时候的一个传闻，当时有很多世家子弟嫉妒褚渊的名声，就拿他的眼睛说事，说这种面相叫'白虹贯日'，是亡国的预兆。说白了就是想给褚渊扣一口锅，败坏他的声誉。"

刚才说话的人不太服气："刘宋确实亡国了呀，说明空穴不来风。"

一个贵妇人听不下去了，怼了一句："我看你白眼珠也挺多的，难不成你也是预示着亡国的面相？"

说书先生连忙打了个圆场："莫要争，莫要吵，听我给各位细细道来。自古以来，有争议的人物其实大多都应了同一句话：人红是非多。这褚渊不但有才有貌，性情还特别沉稳，他的风度已经登峰造极，到了常人所不能及的地步。这位客官我来问你一句，假如你家里突然失火，你会怎么样呢？"

"这还用问，当然是赶紧逃命啦！"

"看，这就是一般人的第一反应。但是褚渊的反应就不一样。他家里失火的时候，旁人都在四散逃命，只有他沉稳自若，叫人把肩舆抬来，不慌不忙坐上去，不紧不慢地离开。命都不要，也要风度，就问你服不服？"

"……服气，但我想说他是不是有点太矫情了？"

"这你就有所不知了，南北朝时期延续了魏晋名士的风格，崇尚风流旷达，大家都非常重视举止风度以及家世身份，可以说是名声大过天。褚渊这个行为虽然有点不走寻常路，但在当时那个时代，却被看作是士大夫性情温雅、沉稳有度的典型，一下子就刷满了路人好感。当然，也因此引来了一些人的妒忌，给他强行扣了一顶亡国相的帽子。"

年轻女子们纷纷露出了仰慕的神情："这个魅力值简直要犯规了！"

一个富家公子不以为然地说："小姑娘们还是太年轻，我劝你们现实点，通常拥有魅力超群这种人设的男人都是很花心的。"

说书先生哈哈一笑："那我可就要为褚渊说句公道话了，褚渊这个人除了高富帅，还自带了一个'洁身自爱'人设，这一点有个八卦，各位想不想听？”

众人异口同声地道：“想听想听！上实锤！”

说书先生道：“那我就插播一个故事，算是今天说书赠送的彩蛋。话说孝武帝有一个女儿，名唤刘楚玉，封号山阴公主，这位公主是出了名的‘作’，最离谱的一点就是——好色！”

一个少女掩口惊呼道：“难道这位公主看上了褚渊？”

“正解。”说书先生打了个响指，“山阴公主最喜欢美男子，光面首就养了三十多个，褚渊当时名声在外，这口小鲜肉，山阴公主简直是志在必得。”

“天啦，难道要上演光天化日之下强抢良家美男的戏码了吗！”

“答对了。其实论辈分，褚渊还是山阴公主的姑父，但那个时期已经没有什么能阻挡山阴公主的色心了，她利用自己的权势，命令褚渊到公主府服侍自己，没想到，褚渊在公主府待了整整十天，每天晚上都是整身而立，毫无不妥的举动。”

茶楼里掀起了又一个高潮——

“哇，太刚了！”

“哇，太燃了！”

“哇，太萌了！”

有人急忙问道：“那山阴公主就能善罢甘休吗？”

“山阴公主嘛当然是郁闷得不行，她说：‘你一个七尺男儿，怎么就没点男子气概呢？’褚渊却回答：‘我虽然不才，但也不敢做这种不入流的事。’各位客官，我认为此处应该有掌声！”

众人纷纷鼓掌喝彩。

一个少女捧着脸说：“南郡献公主真有福气啊，我也想要这么专情的夫君！”

说书先生道："再放送一个花絮给你，褚渊在山阴公主府上，连半个眼神都没给公主，却意外收获了一个粉丝，他就是山阴公主的驸马何戢。何戢见到褚渊这么美貌还这么有气节，当场路人转粉，从此以后举止仪态都开始模仿偶像，时人都管他叫'小褚公'。"

路过的店小二感慨道："这人设确实圈粉啊，不但女子倾心，连男子都要倾慕。"

说书先生话锋一转："不过，身为南朝十大杰出青年的优秀代表，褚渊的主要成就当然还是在事业上。大家都知道，整个南北朝就是一个乱成一锅粥的时期，今天有人开国称帝，明天就有可能改朝换代。但褚渊有着自己独特的为官和处世之道，所以才能在这个乱糟糟的大时代成为一名人生赢家。"

店小二给说书先生续了杯茶，叹了口气道："褚渊是命好，听说他祖父官至太常，老爹做过骠骑将军，父子二人都做过驸马，妥妥的富二代加官二代，哪像我们这些打工的这么辛苦！"

说书先生拿折扇柄敲了敲店小二的头："要不说你只能当个店小二呢，你只知褚渊家世显赫，却不知他也是靠自己的奋斗闯出一片天的。"

店小二摸了摸脑袋："怎么说？"

说书先生道："首先，富二代什么的，不存在的。褚渊的父亲在他二十多岁的时候就去世了，他把家财都让给了弟弟继承，自己只留下了几千卷书。"

雅座中的富家公子道："哎呀，这种世家宅斗的套路我最熟悉了，里面一定有内情。褚渊虽然是长子，却不是他父亲的正妻吴郡宣公主所出，而是妾室郭氏生的，你让他争家产，恐怕他也没这个胆子去争吧？"

说书先生："我看你是宅斗话本子看多了。不瞒你说，褚渊虽然不是吴郡宣公主生的，但侍奉嫡母特别恭谨，公主非常喜爱他，他父亲亡故以后，公主亲自上表，请立褚渊为嫡子，继承爵位。诸位客官看看，公主连自己的亲儿子都不顾，都愿意给褚渊一个嫡出的身份，你们说褚渊这为人好不好？这情商高不高？”

茶楼里响起又一轮的喝彩声和鼓掌声。

说书先生继续道：“再来说褚渊的仕途。由于早年就有贤名在外，南朝的几代皇帝对褚渊都很欣赏，但每次皇帝要封比较重要的官职给他的时候，他就坚决辞让，不想卷入权力的风暴之中。可越是这样，皇帝就越看重他，宋明帝病危的时候，任命褚渊为顾命大臣，从此，褚渊就步入了政治漩涡的中心。”

一个少女不解地问：“成为达官显贵不是很多人的终极目标吗？褚渊为什么不愿意身居高位呢？”

说书先生：“因为那时候南朝政治十分黑暗，皇权斗争特别激烈，每天都上演宫斗大戏，你想，褚渊才活了四十多岁，却经历了五任皇帝，天天不是皇室内乱就是外面造反，这种忐忑不安的生活并不是他想要的。”

贵妇人感叹道：“可惜，颜值越高——哦不是，职位越高，责任越大。命运的走向从来不能被个人的期望左右。”

“正是如此。褚渊成为顾命大臣后，厉行节约，从不以权谋私，百姓们对他都是五星好评。后来，他把大将萧道成提拔起来，主持军事，平定地方叛乱。”

富家公子瞪大了双眼：“萧道成？是我想的那个萧道成么……”

说书先生点了点头：“没错，褚渊做梦也没想到，他一手提拔起来的萧道成，见小皇帝年幼，起了取而代之的心思，很快就暗杀了小皇帝发动了政变，改国号为齐，摇身一变，成了齐高帝。”

茶楼中一片唏嘘。

说书先生道：“齐高帝继位后，给褚渊加官晋爵，想要让他为自己效力，但褚渊都没有接受，可是，为了稳定国家的大局，他又不能真的甩手不管。

褚渊虽然没有接受封赏，却还是参与到了很多大事的决策中，为齐高帝献出了很多宝贵的政策见解。也许是经历了太多的明争暗斗，也许是看过了太多的政权更迭，褚渊在齐高帝去世后不久就心力交瘁、一病不起，仅仅四十八岁就英年早逝了。然而，他在史书上留下的这一笔，却是浓墨重彩的一笔。他的风度与魅力，也给世人留下了无数美好的回忆。”

茶楼中的茶客皆是意犹未尽，仿佛还沉浸在褚渊的优美风采之中。

说书先生将折扇一收，笑眯眯道：“多少风流人物，皆已随风而逝。是非与功过，任凭后人评说。诸位客官，今天的《南朝风云》就讲到这里，现在是广告时间——想听更多的精彩故事吗？想认识更多的古典美男吗？悦来茶楼欢迎你。明天要听请早噢！”

王维

文／琴城野老

【恬然担当】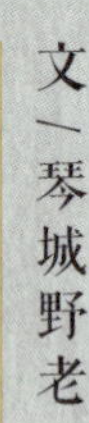王维／此心安处是吾乡

公子只应见画，此中我独知津。
写到水穷天杪，定非尘土间人。

夜深人静，在蓝田辋川一个清雅别致的书房之内，一支崭新的狼毫笔好奇地打量着这个陌生的环境，想象着自己未来的工作。

“欢迎加入竹里馆文房四宝大家庭，我是这里的老员工，新手上路不用愁，找我就对了。”书桌上，一方看起来年岁很久远的青石砚台友善地说。

狼毫笔连忙用经典的萌新姿态鞠了个躬：“前辈好，初次见面请多多指教。”

青石砚：“好说好说，不用这么紧张，其实大家都很好相处，性情都跟咱家主人一样随和，不信你看主人的别号就知道了。”

见狼毫笔还是一脸蒙，青石砚朝身旁招呼了一声：“印章印章，该你上场了，给新人展示一下。”

只见一枚古朴小巧的印章蹦蹦跳跳地钻出来，在书桌铺开的宣纸上一压，现出一个鲜红的印鉴：摩诘居士。

狼毫笔读了三遍，虚心请教道：“摩诘，是不是佛经里说的‘干净无垢’的意思？”

青石砚赞赏地道：“果然有点学问，摩诘是主人的字，也是他的别号，感受到主人的风格了吗？两个字：佛系。”

狼毫笔有点惊奇：“主人是佛系男子？我还以为跟着四品大员的毛笔都得天天书写励志传奇呢，前辈这么一说，我压力小多了。”

青石砚笑道：“主人虽然官至尚书右丞，但仕途并不是他的追求，按照我的经验，你未来的职业发展主要有两个方向，一个是写诗，一个是作画。”

狼毫笔顿时兴奋起来：“诗情画意我都喜欢！前辈多给我讲讲主人的事吧，我要做充分准备，做一支给力的毛笔！”

青石砚欣然为它讲解起来：“咱们的主人名叫王维，出身于太原王氏，他的母亲出身于博陵崔氏。这些都是鼎鼎大名的望族，几百年的书香门第。因此，主人自幼就和我们这些文房四宝打交道，他的母亲擅长水墨画，他从小耳濡目染，画得一手好画。”

书架上的诗稿开口了：“主人可不止擅长画画，写诗也是一绝呢，他十几岁的时候，就写下了很多脍炙人口的好诗，可以说是少年成名！”

另一本诗稿马上跳出来背诵道：“新丰美酒斗十千，咸阳游侠多少年，相逢意气为君饮，系马高楼垂柳边。”

狼毫笔顿时精神一振：“好赞！游侠的少年意气和报国壮志跃然纸上，真是好诗！”

青石砚笑着对诗稿们说：“别急，我还没说完呢。主人诗画双绝，凭借着自己出众的才华，十五岁就去了京城长安闯荡事业。”

狼毫笔佩服地说：“帝都竞争压力大，生活成本又高，主人这么年轻就敢去帝都发展，实在很有勇气。”

青石砚语气中露出几分自豪：“你也知道，大唐最不缺的就是才子。每年跑去长安碰运气的文人墨客没有一万也有八千，但是，当我们的主人在众人面前崭露头角的时候，还是让整个长安城的人都为之眼前一亮。”

狼毫笔兴致盎然：“怎么说？”

青石砚的思绪仿佛回到了多年以前：“那一年，一个风姿秀美的白衣少年来到了长安，他气质清贵，满身书香，会写诗，能作画，还弹得一手好琴。他的诗画与琴声，就像他的人一样，有一种恬淡高远的味道。”

狼毫笔沉醉地说：“好唯美，我被圈粉了！”

青石砚笑道：“岂止你被圈粉了，很多王公贵族都被圈粉了，主人初入京城，就成了有名的少年才俊，受到了很多人的赏识。”

狼毫笔道：“主人这么有才，考取功名一定不在话下！”

“那是当然，主人轻轻松松就考中了进士，没过几年又一举夺冠，高中了状元，一时间风头无两。”

狼毫笔充满仰慕：“状元郎啊，太厉害了！那可是全国文科冠军诶，有了这个光环，主人的仕途必然是一帆风顺喽？”

青石砚的语气有点感慨：“一开始还是比较顺的，主人被任命为太乐丞，负责朝廷的礼乐事宜。主人一向很有音乐细胞，相传他曾经凭借一曲《郁轮袍》，一举赢得了玉真公主的青睐，这个工作对他来说，本来是游刃有余。”

狼毫笔听出了蹊跷：“难道后面出了什么岔子？”

青石砚叹了口气：“官场太复杂，想要混得好，不光要看能力，还要看情商。主人天性单纯，根本意识不到官场险恶。有一次，伶人排练《五方狮子舞》，他私自看了黄狮子，黄与皇同音，必须是天子才能观看，主人完全没这个认知，犯了大忌，直接就被贬了官，成了济州的一个粮仓库管。”

“天哪！主人的笔墨纸砚，是用来写诗作画的呀，突然要去记录一斤大米多少钱，这怎么能接受？”

“别说你接受不了，主人也接受不了。粮仓管理员干了没多久，他就辞去了官职，回家和母亲与妻子共享天伦去了。”

青石砚的语气有些沉重：“可是，没过多久，主人的妻子难产而亡，事业失意与中年丧妻的双重打击，让主人的内心伤痕累累。”

这时，窗台上的盆景中响起一个细细的声音：“红豆生南国，春来发几枝，愿君多采撷，此物最相思。”

狼毫笔被这优美而多情的诗句所感染，不由得朝窗台看去，一粒小小的红豆安卧在碧绿的盆景中，刚才的诗句正是它吟诵的。

“当年，主人曾用我寄托情思，写下了这首纪念友情的《相思》，大唐的梨园子弟无不争相传唱，听到的人无不动容。主人是一个很重感情的人，无论是友情、亲情，还是爱情，对他来说都十分重要。”

青石砚说：“是啊，主人的妻子去世后，他至今都没有再娶，三十多年孑然一身，比起那些将三妻四妾视为平常事的风流才子，他才称得上是真正的重情至性之人。”

狼毫笔似乎仍然沉浸在诗句中，许久才感叹道：“到现在我才真正领悟到别人说主人‘诗中有画，画中有诗’这个评价的真意，他写出的文字，就像同时在我脑中勾勒出了画面一般，活灵活现。”

青石砚笑着说：“主人官途不顺，辗转了很多地方。他在繁华的京城做过校书郎，在苦寒的边塞做过监察御史，无论命运如何变化，他始终保持着心中的诗意。这个世界不只有眼前的苟且，还有诗与远方！”

诗稿们也被激起了兴致：“没错，主人带着我们游历江南，欣赏着‘明月松间照，清泉石上流’的美景；带我们去凉州，见识了‘大漠孤烟直，长河落日圆’的边塞风光。不管人生是浮是沉，他都有诗画相伴。”

狼毫笔憧憬道：“我觉得，主人这样恬淡的性情，其实不适合在复杂的官场生存，吟诗作画才是他心中的追求。”

诗稿们七嘴八舌地表示着赞同——

“同意，主人太单纯，技能点都点在琴棋书画上，做官这道难题对他来说超纲了。”

“主人这么佛系，喜欢的都是禅理、老庄这种出世的学问，哪里适合在大泥潭一样的官场打滚？”

一本诗集跳出来说：“说起来你可能不信，有一首诗还救过主人的命呢。”

狼毫笔好奇地问：“这是怎么一回事？”

诗集借着晚风，哗哗翻动书页，呈现出一首诗作：

万户伤心生紫烟，百僚何日更朝天。

秋槐叶落空宫里，凝碧池头奏管弦。

“这首诗是安禄山发动安史之乱的时候，主人被俘，被迫出任伪官时写的。他看到乐工不愿为安禄山表演而被害，悲愤难平，就写了这首《凝碧池》，表达自己思念朝廷，不想归顺逆贼的心情。后来叛乱被平息，主人原本应该问罪，却因为这首诗得到了皇上的谅解，给予特赦。”

狼毫笔恍然道：“因诗免罪，可见冥冥中自有天意。可我觉得官场还是太危险了，主人还是早日退出这些纷争最好。”

青石砚道：“不瞒你说，主人自己心里就是这么想的，频繁的官场争斗让他心生疲惫，终于有一天，他萌生了一个想法：京城套路深，不如回农村！”

狼毫笔不禁笑起来：“主人最终还是辞官了，对不对？”

“对，主人在蓝田山麓的辋川买了宋之问的一座别墅，就是这里。他亲自规划布置，把这个有山有水的地方打造成了自己心目中的安乐乡，过上了半隐居的生活。”

“我想，这个时期才是主人一生中最快乐的时期吧？”

青石砚说：“一开始我就说过，主人是个佛系男子。他信奉佛理，长年吃素斋，也不穿华美的衣服。退隐之后，他常常给僧人施舍斋饭，闲暇时就和友人弹琴赋诗，过着一种超凡脱俗的生活。世人都称他为：诗佛。”

狼毫笔沉吟道：“主人的诗中有禅意，画中有佛性，这些都和他看破名利，摆脱俗物羁绊的人生选择分不开。虽然我是新手，但我愿意跟随他寄情山水，写下更多美好的诗篇，画出这世间更多的美景！”

青石砚微笑着说：“此心安处是吾乡，看破这世间繁华，追求一种内心的宁静，就是我们和主人共同的追求。一起加油吧，小毛笔！”

文／拂罗

【痴情担当】纳兰性德／人生就是不断恋爱再失恋

我是人间惆怅客，知君何事泪纵横。断肠声里忆平生。

“当年你爹让你抓周，你这孩子，一手抓着毛笔一手抓着金钗，怎么着都不放手，可把你爹给气坏喽。”

对于娘反反复复唠叨的话，纳兰性德一开始是不怎么信的。毛笔和金钗？这岂不是又爱写文又多情？对于普通百姓还好，可对于他们叶赫那拉氏来讲可不是好兆头，因为身为正黄旗子弟，生来注定就是要干一番大事的。

正黄旗在清朝血统高贵，在八旗之中也是皇上亲自率领的上三旗之一，这些都是五六岁时老爹就跟他反复强调过的：“成德啊，你看爹娘都出身名门，你也得争气，别整天想着跟小姑娘玩儿。”

当时他还叫纳兰成德，字容若，只不过后来因为避讳太子保成，改成了纳兰性德，说实话，纳兰性德更喜欢自己现在的名儿。他老爹叫纳兰明珠，这个名字举国无人不晓，是大清的重臣，而他娘姓爱新觉罗，跟皇族是沾亲带故的。

仿佛骨子里就有种淡淡的叛逆，当官儿这词在他心里很模糊，也对自己贵族子弟的身份有点儿不在意。

等到纳兰性德长成十五六岁的少年，每次一出门就有姑娘红着脸偷偷地瞧，他忽然隐隐觉得，当年抓周或许还是有点儿准的。

作为正黄旗子弟，纳兰性德从小是学文又习武，家境优越吃穿不愁，接触的全是上流社会子弟，风度翩翩，更有坊间传言他“天姿英绝，萧然若寒素”，爱慕他的姑娘从大门口排到了城门，他娘生怕儿子被哪个姑娘拐走，天天唠叨那些话。

尤其是他十八岁就中举，十九岁就中贡生之后，他娘的唠叨声也越来越频繁了。在娘的眼里，自己儿子除了身体弱之外，哪哪都完美，应该早早娶个姑娘，时刻照顾着他。

纳兰性德身体弱，这个他自己也承认。他中贡生之后就差个殿试了，结果却因为生病错过了皇上的面试，只好先把面试的事儿缓一缓。他跟着老师徐乾学，出版了一本叫《通志堂经解》的书，皇帝看了表示立刻入坑，在线追更。

“儿啊，外面风大，你好好养病，就别出去啦。娘给你物色了一个姑娘，是两广总督卢兴祖的女儿，正好和咱们门当户对……”

“娘我知道啦，我先出去一趟。”

纳兰性德随口应付娘几句，还是兴冲冲地跑出去了，在那瞒着父母定下的“老地方”，有个眸若秋水的姑娘正等着他。姑娘一见是自己的心上人气喘吁吁地赶来了，拿着手帕抿嘴笑：“你呀，又跑这么快，你娘没责怪你？”

纳兰性德红着脸坐在姑娘身边：“责怪了，可我忍不住啊，你看！这是我写的新词……”

“真巧，我也有新词要给你看！”姑娘眼里冒小星星。

这一双少年人捧着新词，凑过去头碰头地一起看着，轻轻地笑，少年俊朗，姑娘秀致，恰是美如画卷。

后来因为种种原因，两人的爱情还是没有结果。

失恋后的纳兰性德悲伤之余有些生气，他把自己关在房里，写了首《木兰花·拟古决绝词柬友》，这是一首拟古闺怨作，借典故来用女子幽怨的口吻抱怨薄情郎。

人生若只如初见，何事秋风悲画扇。
等闲变却故人心，却道故人心易变。
骊山语罢清宵半，泪雨零铃终不怨。
何如薄幸锦衣郎，比翼连枝当日愿。

还有什么办法呢？父母之命媒妁之言，纳兰性德还是在大喜的祝贺声中，迎娶了卢家那位姑娘。成婚那日，姑娘含情脉脉地望着他，纳兰性德只能苦笑。

人终究是要放下的，经过婚后的相处，卢氏的温柔终于再次敲开了纳兰性德的心，这一对年轻的夫妻过上了举案齐眉的美好生活。后来回忆起这短暂而美好的日子，他写下一首《浣溪沙》来追忆：

谁念西风独自凉，萧萧黄叶闭疏窗，沉思往事立残阳。

被酒莫惊春睡重，赌书消得泼茶香，当时只道是寻常。

公元1676年，纳兰性德在妻子的支持下重新迈入了考场，补考殿试。有出身加分，以及他出版的书被皇帝大加赏识，他几乎毫不费力就中了进士。

康熙帝对他赞赏有加：“你就是纳兰爱卿的儿子？果然是青年才俊，你留在朕身边当个三等侍卫吧，改日朕晋升你为一等侍卫！”

二十二岁的纳兰性德，已经拥有大多数人梦寐以求的一切。他是风度翩翩的御前侍卫，随君王出巡，在外人眼里是可望而不可触及的男神。但纳兰性德心中一沉，他不动声色地谢了皇恩，闷闷不乐地回家了。

“怎么啦？”卢氏此时已经有了身孕，躺在床上温柔地对他笑。

“皇上封我为三等侍卫。”

皇帝身边的贴身侍卫，倘若换了别人大抵会欣喜若狂，但对他来讲不是。他知道皇上这是忌惮自己老爹权高位重，纳兰家有这么一个重臣就够了，不能让儿子也手握大权，所以封了个侍卫。

在妻子的安慰下，纳兰性德勉强展开了笑容，继续精心照料自己未出生的儿子，他没想到的是，接下来迎接自己的是一方小小的墓碑，上面刻着妻子的名字。

公元1677年，仅仅在成婚三年后，卢氏因难产去世。

纳兰性德第二次痛失所爱，在墓碑前痛不欲生。从此他写下的许多词都是为了悼念亡妻，例如那首《浣溪沙》，化用李清照与赵明诚“赌书泼茶”的典故，追忆与妻子相处的一幕幕。

丧妻一年后，他收拾收拾心情把自己的词整理成《侧帽》《饮水》出版，成了当时的潮流，有“家家争唱《饮水词》，纳兰心事几人知”之称。

八旗子弟、御前侍卫、玉树临风、文武双全，所有美男子该有的属性他都有了，坊间众多姑娘狂热地一口一个“男神”，却没人能走进男神的心里。

暂时放下了丧妻之痛之后，不少人劝纳兰性德续弦，毕竟他才二十四岁啊，纳兰性德便续弦了一位官氏女子，还纳了侧室颜氏，颜氏在之后为他生了长子。

“你看，你看看这孩子……”在颜氏喜极而泣的呼声里，纳兰性德笑着抱过自己的孩子，想起自己难产而死的原配妻子，心中忽然刺痛了一下。

纳兰性德强迫自己放下，他写新词想给自己的正室和侧室看，她们发出钦佩的赞叹声“哇好厉害”，却也仅仅止步于赞叹，不能和他一同欣赏。

许多个独自掌灯写词的夜里，纳兰性德追忆起亡妻，往往落泪。他想起妻子温柔又调皮的模样，提笔写下“最忆相看，娇讹道字，手剪银灯自泼茶”。当年他们学着宋人李清照夫妻，各拿一杯茶，谁先读对诗，谁就先喝茶。

“娘子，你刚才好像似乎大概……读错了。”

“谁说这字不这么念？我不管，反正是你输了！”亡妻故作骄横姿态，干脆把茶全泼在他的衣袖上，气鼓鼓地等他来哄，夫妻俩时常玩着玩着就笑作一团。

真想她啊。鸾胶纵续琵琶，问可及、当年萼绿华，现在的妻子……又如何比得上她呢？

一封信送入了纳兰府。

“见信好，奴家江南沈宛，见纳兰公子前日来信，词作中心绪似乎闷闷不乐？改日公子至江南，奴家一定备好酒好词招待。”

写信人是个汉人女子，江南才女，也是纳兰性德来往许久的笔友，二人相识已久，早想见面。

后来经过好友顾贞观介绍，纳兰性德终于得以与她相见，将她带回了京城一处宅子里。因为沈宛是汉人，纳兰家不能将她纳入族谱，但此时纳兰性德已经顾不得这么多了，他终于遇到了另一个能欣赏自己心灵世界的女子。

纳兰性德自己也分不清，这个姑娘对于自己来讲，是情人还是朋友，或许用知己来形容才更恰当。

这样的日子只过了短短半年，公元1685年，风寒再次纠缠上三十一岁的纳兰性德，跟好友大醉一场后，他忽然病倒在床上。仅仅在七日后，纳兰性德便与世长辞了。

他逝世之后，沈宛只能孑然一身回了江南，以追忆度过余生，对她来讲，这个男人就像一场梦。

到底应了当年抓周时的预兆，注定他不是人间富贵花，要一手笔墨一手金钗，度过此生。

相国子弟、天才少年、十八中举、御前侍卫……上天给了他太多，又收回太多。给了他刻骨铭心的爱情，却接连将它们收回，给了他完美的皮相与身世，却过早地收回了他的生命，只留下《纳兰词》传世。

他是玉树临风的青年侍卫，他是几番痴情的翩翩郎君，他是自己笔下的人间惆怅客……他最爱写荷花，自己却也仿佛荷花池中的倒影，一碰就碎。

那个徘徊在许多姑娘的深闺梦里的男子，他生来就带着点儿忧郁。

纳兰心事几人知?

山一程，水一程，正史一程，野史一程，真真假假都是他，这是个惊鸿照影般的男子，后世人只能在他的断肠声里来追忆他的平生。如果要从荷花中寻出他的影子，要他形容自己的一生，大抵他会微笑着低念那句话吧："如人饮水，冷暖自知。"

关注问题　写回答　邀请回答　添加评论　分享　举报　···

揭秘！三国里帅气美男大盘点

文 / 张佳玮

江湖人称“张公子”，他华丽，他风骚，他博古通今，他琴剑双绝，他已成为一个现象，他已成为一段传说。

【荀彧】

“彧为人伟美。高大，俊美。”

三国美男子很多，但能名传后世当传奇的，少。如荀彧，如周瑜，那都是入得诗歌的。所以想来想去，没人高得过他二位去。

我另有两个证据。

其一，曹操一见荀彧，说他是自己的张良张子房。曹操夸人没边，看见张郃归来，就说是韩信归汉。但张良这个称谓，除了说智谋，怕还有别的意思。《史记》里太史公自己说，张良容貌，如妇人好女。我很怀疑荀彧长得太美了，曹操才第一时间想起了留侯。

其二，祢衡骂遍曹家所有人，说到荀彧时，也只好说：“文若可借面吊丧。”

荀彧没啥黑点，就只是好看，只能靠脸好看去吊丧。

考虑到发明九品中正制的陈群，都被祢衡说成屠沽之辈，荀彧得美成什么样，才能让祢衡都骂不下口，只好说“荀彧你就只能靠张脸”！

许多人会觉得，郭嘉是大帅哥，其实历史上郭嘉容貌无载，可见至少荀彧的相貌不会次于郭嘉——不然为什么历代大家都说荀彧帅，很少提郭嘉呢？

收藏　235　57　108

【周瑜&孙策】

“雄姿英发，羽扇纶巾。”
“姿质风流，仪容秀丽。”

苏轼《赤壁怀古》，想象周瑜“雄姿英发”。罗贯中写《三国演义》，说周瑜“姿质风流，仪容秀丽”，其实风格也有些差异。

《三国志》说周瑜“瑜长壮有姿貌”。

意思是高大强壮，姿貌好；本身又风雅懂音乐，但周瑜并不是一般设定里阴柔型的——人家高大伟岸着呢。

反而是周瑜的好哥们孙策，长了一个万人迷的好容貌，还爱说爱笑，所谓：“策为人，美姿颜，好笑语，性阔达听受，善于用人，是以士民见者，莫不尽心，乐为致死。”

我猜测孙郎和周郎这对万人迷，周瑜比孙策高挑，更威武，更壮硕；孙策可能更秀美爱笑一些。

【马超】

加载中……

马超的容貌，正史无载。但我估计长得不坏：他爹长得好，又是混血儿，一定很有风味。

腾为人长八尺余，身体洪大，面鼻雄异。

马超在渭水时曾自负多力，身材是不会差的；估计继承了爸爸的体格，面鼻雄异，很可能是异族脸。

他的偶像气质，主要是《三国演义》塑造：“又见马超生得面如傅粉，唇若抹朱，腰细膀宽，声雄力猛，白袍银铠，手执长枪，立马阵前。”

这才是白袍帅哥偶像派。然而马超也没当几年白袍小将：在潼关大战曹操时，马超已经三十五岁了。

【赵云】

“云身长八尺，姿颜雄伟。”

赵云在历史上，确实是好看的，但风格并非许多人想象的花里胡哨小白脸帅哥——这实在是中国古往今来，民间第一扯淡误解。

《云别传》说“云身长八尺，姿颜雄伟”。

汉尺一尺合如今23厘米，由此可见，赵云是个一米八五左右，姿颜雄伟的汉子。注意用词，是雄伟，是堂堂一表人才的河北大汉。

《三国演义》里，罗贯中给赵云编了个容貌，也没怎么走形：

忽见草坡左侧转出个少年将军，飞马挺枪，直取文丑，公孙瓒扒上坡去，看那少年：生得身长八尺，浓眉大眼，阔面重颐，威风凛凛，与文丑大战五六十合，胜负未分。瓒部下救军到，文丑拨回马去了。那少年也不追赶。瓒忙下土坡，问那少年姓名。那少年欠身答曰：“某乃常山真定人也，姓赵，名云，字子龙。”

浓眉大眼，阔面重颐——就是浓眉大眼，宽脸双下巴。

所以，赵云无论史实还是演义，都是高大雄伟、浓眉大眼、大脸双下巴，燕赵悲歌慷慨的河北汉子，并非小白脸娘炮。拿武侠小说打个比方：他的容貌更接近萧峰，而不是段誉。

所以老《三国演义》的张山版赵云固然好，《赤壁》用胡军演赵云，很对。

收藏 235 57 108

【诸葛亮】

“亮少有群逸之才，英霸之器，身长八尺，容貌甚伟，时人异焉。”

诸葛亮长了一副极好的容貌。《三国志》说他：“亮少有群逸之才，英霸之器，身长八尺，容貌甚伟，时人异焉。”

诸葛亮是山东人，高大英伟，一米八五左右的个头。

而《三国演义》则说：

玄德见孔明身长八尺，面如冠玉，头戴纶巾，身披鹤氅，飘飘然有神仙之概。

这是罗贯中给诸葛亮增加了神仙气派，弱化了他的伟岸属性。所以历代戏剧里，诸葛亮都有点像个道士：过于强调他的神仙之姿和儒雅气。其实诸葛亮身长八尺，容貌甚伟，而且有英霸之气，是应该带点高贵气质、派头十足才对。

历史上，周瑜比诸葛亮大了六岁，然而各路戏剧里，总仿佛周瑜年少俊美，诸葛亮老成持重，那也是刻板印象所致。

但周瑜是长壮有姿貌，诸葛亮是身长八尺容貌甚伟，赤壁之前如果有会面，估计就是一个二十八岁一个三十四岁，一对伟岸男子的会面吧。

【陆逊】

加载中……

陆逊，史实与演义都没有容貌描写。只能猜测他是孙策之女婿，又是好人家出身，容貌也差不到哪里去。许多人印象里，陆逊指挥夷陵之战时，是个白面书生，则是艺术夸张：那年陆逊四十岁了，虽然比对面的刘备小了二十来岁，但当年周郎战赤壁时，也不过三十四岁。

【程昱】

“程昱字仲德，东郡东阿人也。长八尺三寸，美须髯。”

程昱，正史说“程昱字仲德，东郡东阿人也。长八尺三寸，美须髯”。

折合一米九的身高，加上胡子华丽，山东美男子。太史慈估计风格类似，但矮了 15 厘米。

关羽与程昱一样美须髯，所以自觉逸伦超群，也不奇怪。

【程普】

"有容貌计略，善于应对。"

程普的容貌是被歌颂过的："程普字德谋，右北平土垠人也。初为州郡吏，有容貌计略，善于应对。"

所以我估计程普和周瑜一度不睦，是不是在争夺东吴第一帅时输了？

收藏 235 57 108

【吕范】

加载中……

吕范长得好，家贫时他老婆也愿意跟他，说看他样子都不会穷。

少为县吏，有容观姿貌。邑人刘氏，家富女美，范求之。女母嫌，欲勿与，刘氏曰："观吕子衡宁当久贫者邪？"

收藏 235 57 108

【袁绍】

"绍有姿貌威容，能折节下士，士多附之，太祖少与交焉。"

袁绍也生了副极好的容貌，这一点，他和刘表是一样的。

绍有姿貌威容，能折节下士，士多附之，太祖少与交焉。

而且袁绍风雅，极有礼貌，所谓"动见效仿"，那真是万人迷。

收藏 235 57 108

【陆绩】

"容貌雄壮。"

陆绩。史载："容貌雄壮。"

所以袁术才会请他去，让他偷了橘子啊……

【曹操】

"姿貌短小，神明英发。"

曹操嘛……

姿貌短小，神明英发。

但是他又自觉不足以雄远国，让崔琰替他吓匈奴使者。我估计曹操正史里是个小个子俊秀型。

证据之一是，曹操宠爱曹冲："容貌姿美，有殊于众，故特见宠异。"

大概曹冲也跟曹操挺像的吧？

【姜维】

"时蜀官属皆天下英俊，无出维右。"

最后，我瞎猜一个美男子：姜维。

钟会见姜维后，一见心折。跟杜预说："以伯约比中土名士，公休、太初不能胜也。"

又世语曰："时蜀官属皆天下英俊，无出维右。"

古代人选官，是很以貌取人的，东汉魏晋尤其如此——所以魏晋那批人，何晏、嵇康、阮籍都是出名的好模样。

钟会所举的夏侯玄和诸葛诞，都是容貌不错的人。

他对姜维尚未深交，而欣赏如此，大概姜维的容貌，相当可以吧。

考虑到那年姜维年过花甲了，年轻时得怎么好看呢？

所以他初见诸葛亮时，诸葛亮这反应，一点也不奇怪："亮见，大悦。"

看杀卫玠

《晋书·卫玠传》

KANSHAWEIJIE

新词必学

出处：

《晋书·卫玠传》曰："京师人士闻其姿容，观者如堵。玠劳疾遂甚，永嘉六年卒，时年二十七，时人谓玠被看杀。"

魏晋时期的著名美男子卫玠由于长相俊美，出门经常被人围观，再加上他身体羸弱，久而久之，积劳成疾，病倒过世。人们传说卫玠是被看死的，于是便有了"看杀卫玠"的说法。后来这个词被用来形容美男子。

小剧场：

公元 286 年，西晋的某一天，官宦世族卫家添了第二个孙子。全家人非常激动，给小儿子取名为"卫玠"。

卫玠自小聪慧过人，一副乖巧可爱的模样。正是这副不同于俗人的样貌，让他小小年纪走到何处都分外引人注目。小卫玠有点害羞，还以为自己是哪里与众不同。他偷偷扯过自家祖父的衣角悄声询问，祖父哈哈大笑，当下就把小卫玠抱到怀里，声如洪钟道："此儿有异于众，顾吾年老，不见其成长耳！"

你呀，是太优秀了，可惜我年纪大了，看不到我小孙子长大成人后的风姿了。

有了祖父的话，小卫玠心里有数了。他甚至在心里小小得意了下。

可惜随着年龄的增大，卫玠虽然满腹才华，却是体弱多病。前来拜访和探望的朋友很多，母亲为了他身体着想，不让他多说话。只有某些亲友聚会的场合，偶尔能畅言几句。也就这为数不多的几次言论，被当时甚有声名的名士王澄所听到，瞬间为卫阶的言论和气度所折服，他简直成了卫玠的小迷弟，三句话不离卫玠。

王澄的名望相当高，一来二去，举国上下都知道了卫玠的才名与样貌，就指望某日能见上一面。

一日，卫玠从豫章郡到京都。当时的京都人民早几日就知道他要来的消息，每天翘首以盼。

待他到来的那日，早已里三层外三层地将道路以及卫玠的车马围得水泄不通，欢呼声更是震耳欲聋。

卫玠本就身体不好，经这一遭，先不说陡然被这声势吓了一跳，拥堵的人墙也使得空气不畅，耳边又充斥着各种嘈杂，脑子嗡嗡作响。没过多久，他身体就撑不住了，患上了重病，最终病入膏肓，不幸去世了。

掷果盈车

《世说新语·容止》

RONGZHI

出处：

南朝宋·刘义庆《世说新语·容止》："潘岳妙有姿容，好神情。"刘孝标注引《语林》："安仁至美，每行，老妪以果掷之满车。"

潘安，即潘岳。西晋著名文学家。潘安容貌俊美，驾车走在街上，所有人都为之倾倒，情不自禁地将水果扔进他的车里，直到装满整整一车。后来用来比喻女子对美男子的爱慕与追捧。

小剧场：

潘安最近很苦恼，他的脸上多了一大块乌青。疼还是其次的，他的好友公孙弘看到这处淤青竟不住地嘲笑他，自己的爱妻非但不安慰自己，反而也在一旁偷笑。

"西晋美男榜榜首的潘安潘大才子破相了！"一时之间，街头巷尾随处可见三两成群的女子，面容惆怅地聚在一起悲切地谈论：不知潘公子的脸上的伤到底伤到何种程度了，真想去探望一下潘公子呢。

潘府门前慰问的补品堆了一茬又一茬，快把潘府给围住了。

然而潘家大门依旧紧闭，谣言愈演愈烈。潘公子不会是毁容了吧？

潘府今天的午餐是——柰果炖肉。潘安已经连续吃了一个礼拜的水果，他感觉自己要吐了。

脸上的淤青终于好多了，但看到自家后院堆的那一车水果，他觉得自己脑仁儿又开始痛了。

今儿有好友邀约，前几日碍着脸上的伤谢绝了好几次，今日伤好得差不多了，他收拾了一番，准备驾车前去赴约。

站在门前，他深呼了一口气，伸手往前推了推门，咦，好像被什么

东西堵住了？

潘安使劲儿地往前推，“哐当”一声，他隐约听到门外传来什么重物落地的声音。随即门缝渐渐打开，满地的水果整整铺满了府前的路，潘公子惊呆了。

又是水果，怎么又是水果。他好容易清出了一条道，容得自己和车马通过，还没来得及上车，就听见一声惊呼——“姐妹们！潘公子没有破相！潘公子今天终于出门了！”

一个转身抬眼，只见漫天的水果朝着自己呼啸而来——还没回过神，眼前突然一阵发黑，“咚”的一声，一颗桃子重重地砸在了潘美男的头上。

今天也是被水果伤害的一天。

宋玉东墙

《登徒子好色赋》宋玉

出处：

战国时期，楚国著名诗人宋玉，传说他东面的邻居有一个长相奇美的女儿，她仰慕宋玉的才能，每天都在墙头偷偷地瞧着宋玉，可惜瞧了三年，宋玉也没有看出她的心思。

现用来比喻貌美多情的女子。

小剧场：

楚国一位名为宋玉的公子正在家内潜心创作已有一月。

近些日子，他总是静不下心来，老觉得有股若有若无的视线在窥视自己，但抬眼望去，四下除了家里的仆人小厮在各司其职，并无其他异常。

他有点困惑，难不成是自己太敏感了？宋玉放下手中的竹简，现下正是暮春时节，江南草长，杂花生树，今日又恰逢连绵多日的春雨停歇，细碎的阳光透过窗棂洒在面前的书桌上。

踏青赏玩的好时节呀，宋玉收拾了一下衣着，和府内管事儿的老伯说了一声，便出门而去。

路过东边一处房舍之时，恰好邻居家的女儿刚去市集上采买归来，俩人在路边打了个照面。

邻居家的女儿可是楚国数一数二的好样貌，颇有才情，性情也十分贤静。

宋玉对着女子行了一个礼，邻居家的姑娘也微微屈膝向他示意了一番，微风拂过她的面庞，撩起几缕发丝轻扬，平添了几分柔情与眷恋。

打了声招呼，他便继续向前走去。全然不觉身后的视线仍留恋于他身上。

两家隔得不远，说不上多熟悉，也算客客气气的。每每遇见也会这般示意一番。

三年之后，宋玉偶然听得自家小厮闲聊道，东面邻居家搬到了另一处地方，怕是以后再也见不到那名美貌的姑娘了。

事发突然，他吃了一惊，便向小厮打听细节，小厮有点畏缩，最终还是吐露了实情。他这才知道，原来邻居家的姑娘仰慕宋玉已久，时常偷偷攀上墙头只为瞧一眼心仪的郎君，后来被家里父母知道了，便举家搬走了，好断了她这不切实际的念想。

小厮末了还叹了口气说道："可真是个痴情的姑娘，可怜自家少爷是个不解风情的呆瓜。"

听完一席话，宋玉神情有些恍然，不知是否在回忆那姑娘微赧的面容。

沈腰潘鬓

《破阵子》李煜 LIYU

出处：

南唐·李煜《破阵子》词："一旦归为臣虏，沈腰潘鬓消磨。"

沈腰：南朝的大臣沈约想告老辞职，于是给中书令徐勉写了封信，说自己年老多病，最近衣袋渐松，每月估计腰肢要缩小半分。于是后来"沈腰"便成腰围瘦减的代称。

潘鬓：潘岳三十二岁见白发，是未老先衰的标志。后用"潘鬓"等作为中年即鬓发斑白的代称。

现用"沈腰潘鬓"形容姿态、容貌美好（特指男子）。

小剧场：

西晋的美男榜榜首潘安去世之后，民间的姑娘们顿时哭作一团。

时间回到潘安 32 岁的时候，那时正逢他遭遇贬谪，仕途不顺。

潘安虽不想表露出来，但耐不住心中郁结，满腔的抱负得不到施展，一来二去，他的两鬓竟冒出了几缕银丝。起先潘安还没察觉，走到路上，听到街旁一旁的姑娘们窃窃私语：“潘公子的鬓角竟然长出了白发。”

他心里一惊，继而有些尴尬地想要掩饰一下，还没来得及伸出手，又听到一句话：“哇，好酷哦，好仙哦，好时尚哦，以后我也要这样。快帮我找找，我有没有白发。”

潘安抬起的手僵在半空中，一时间不知该何去何从。

此时的潘安正在“古今文豪交流所”里和李煜聊天喝茶，听到自己当年的故事有些哭笑不得，继而听闻李煜说，他的一首词里提到的“沈腰潘鬓”，现已成为美男子的代言词。

“沈腰”是什么，潘安心里有点奇怪，能和自己相提并论的人，必须得见见。他向李煜打听，得知此人是南朝的文坛领袖沈约，当下就坐不住了，放下手中的茶杯就起身去找沈约。

结果到了人家门口，开门的竟然是一腰身有些粗壮的中年男子。

潘安大吃一惊：“‘沈腰’可是阁下？”

沈约先是一愣，有点不好意思地答道：“哎，那不是我当年年纪大了，想要辞官，结果皇帝不让，只得卖惨，说自己‘每过一段时间，腰带就要缩紧几个孔’。哪知现在竟有了这番解读。”

潘安了然，下一秒却摆正了颜色，说道：“沈兄，过去的事儿就不说了。你看现在，世人都用‘沈腰潘鬓’来代指美男子了，我们得以身作则，从今天开始，你要开始健身了，你这腰围忒宽了。”

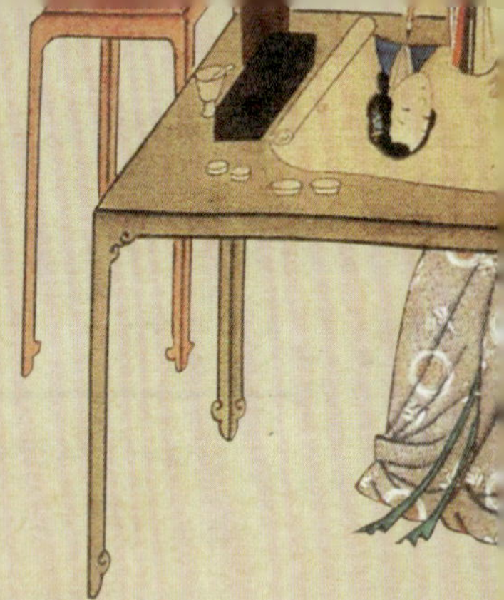

韩寿偷香

《晋书》典故

JINSHU

出处：

典故出自《晋书·卷四十·贾充列传·（孙）贾谧》，现多指男女偷偷约会。

小剧场：

西晋贾大人家的小女儿最近有点不对劲，总是盯着窗外发呆。贾大人家的小女儿骄纵惯了，以往要她做点女红总是推三阻四不耐烦，现下每每都是雀跃地拿起针线绣起来，有时甚至会哼唱些曲子。

贾大人对此表示很诧异，但一时之间也没有什么确切的证据，兴许只是孩子大了，有少女心了？

这日，贾大人又在家邀请幕僚文人前来聚会。言谈间突然闻到一股似曾相识的异香，贾大人一惊：这不是武帝赏赐给自己的西域奇香吗！自己也就给了自家女儿，这事……有蹊跷！

他扫了一眼在座的名士，随即目光锁定在了一名容貌俊美、言行颇有风度的男子身上，贾大人眯着眼睛在脑海中搜索了一遍，此人名叫韩寿。容貌嘛，还是挺配的，其余的还得细细考量一番。

贾大人自家的小女儿生得也是貌美异常，大女儿如今已贵为皇后，贾大人本想将小女儿也嫁个有名望的世家大族，但如今看来，小女儿对此人早已芳心暗许，眷恋颇深。

他将小女儿身边的婢女找来仔细盘问了一番，这下才得知，早在韩寿第一次来自家的时候，小女儿就动了心，还托婢女悄悄给韩寿送了定情信物，一来二去，这俩人早已两情相悦。

贾大人疼惜女儿，且看韩寿也不是一个徒有外表的浪荡之人，便成全了小女儿和韩寿的这一段姻缘。

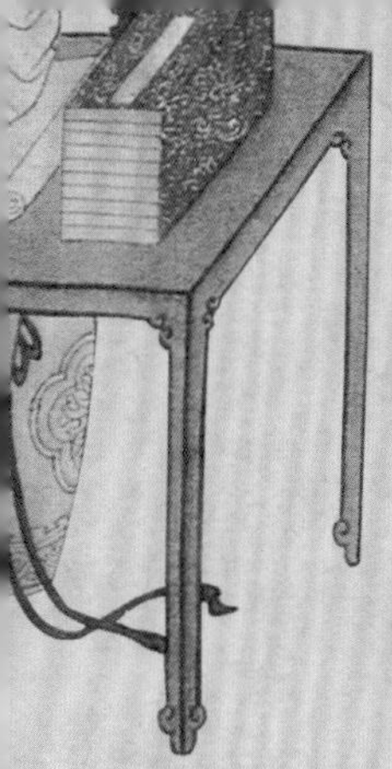

侧帽风流

《北史·独孤信传》

出处：

《北史·独孤信传》："信在秦州，尝因猎日暮，驰马入城，其帽微侧，诘旦而吏人有戴帽者，咸慕信而侧帽焉。其为邻境及士庶所重如此。"

形容由于本人长得好看，因此他的疏忽之举也会成为世人称赞的对象。

小剧场：

秦州最近突然开始风行一种穿戴之风——将好端端的帽子侧着歪戴在头上。好看是好看，就是得时常注意着帽子，以免一个不小心就掉了下来，导致路上行人为了保持造型大多伸着一只手扶着头上的帽子。有外乡人来到秦州，一时间还以为秦州人民通通患了头风呢。

此时独孤信正在府衙中查阅着公务，身侧的小吏正在通报着近日秦州的一些事况，说着说着就跑偏了，提了提近日流行的"侧帽之风"。听闻此话，独孤大人愣了一愣："百姓们侧帽也就算了，你可是官府的人，歪戴着帽子成何体统，传到上面去了，叫陛下怎么看我们秦州。"

小吏有些不情愿地扶正了帽子，还不忘嘴里碎碎念："那不是因为大人你嘛……"

独孤大人"哼"了一声，抬眼瞪了瞪身侧的小吏。

事情是这样的，独孤大人素来爱好闲暇时去往城外的山林中打猎，某日可能是运气不好，消磨了大半日也没猎到多少猎物，不知不觉天色渐晚，马上将要宵禁。独孤大人快马加鞭往回赶，一个不留神，差点从马背上摔下来，手忙脚乱之际，他的帽子被风吹得凌乱不堪，一时之间也没察觉，哪知到了城门口被守门的小吏给看见了。

结果第二天，他这一疏忽举动竟成了秦州人民争相效仿的对象。独孤大人好面子，也不想解释，只得任由百姓模仿。

也不怪秦州百姓对独孤大人的模仿，秦州以前是个穷乡僻壤，官员昏庸，百姓生活更是一言难尽，自独孤大人担任秦州刺史，大家生活可是越来越好了。

不知道独孤大人引领的下一个风潮会是什么，秦州百姓表示很期待。

傅粉何郎

《世说新语·容止》

出处：

南朝宋·刘义庆《世说新语·容止》："何平叔美姿仪，面至白，魏明帝疑其傅粉。正夏月，与热汤饼。既啖，大汗出，以朱衣自拭，色转皎然。"

后泛指美男子。

小剧场：

魏明帝和身旁的小太监打赌，赌约的重点在于一个人——何晏，何大人。

魏明帝素来不喜欢何晏。何晏整天沉迷修饰打扮，有才又如何，一点男子气概也没有。面容还那般白净，谁知道是不是悄悄搽了白粉。一旦心里有了猜疑，就越看越不对劲。他忍不住对身侧的小太监说道："那何晏定是每天在脸上涂脂抹粉后才来上朝的。"

谁知小太监早已被何晏的容貌所倾倒，悄声反驳："何大人向来这般白净。"

魏明帝不乐意了，非要抓着小太监一起立下赌约。

此时正值酷暑，魏明帝备了一碗热汤面，着人叫何晏前来。何晏急匆匆赶到殿内，还没来得及歇一歇，就听得皇帝说："赏你一碗面，现在吃。"

何晏有些摸不着头脑，又碍于圣命，便乖乖地坐下来吃面。不一会儿便吃得大汗淋漓，他只得用衣袖擦汗，一碗面吃完了，面色竟然更白净了。

接着魏明帝二话不说就把何晏给赶走了。本就输了赌约的魏明帝回头看到小太监还在偷笑，当下更不开心了，大声地说了一声"放肆"，把小太监也给赶走了。

赌约输了，面子也没了，何晏果然很讨厌。魏明帝心想。

荀令留香

《襄阳耆旧记》

出处：

亦做“留香荀令”。描述的人物是三国时期的美男谋士荀彧。后以“荀令香”或“令君香”形容大臣的风度神采，也泛指人风雅倜傥。

小剧场：

在刘弘大人手下任主簿一职已有些时日，张坦很尊敬这位大人，但他好像发现了自家大人的一个秘密——大人身有异香。

第一次闻到香气，张坦以为是因为正值花期繁茂之时。

第二次闻到香气，张坦以为是自家大人不小心沾染了香料。

第三次闻到香气，张坦甚至觉得是自己嗅觉出了问题。

后来他发现，每次香气都是紧跟着自家大人，次次香气还不一样。直到他在自家大人的府上，看到了无数香炉，甚至连厕所里都有。

这下张坦不开心了，他甚至有点看不起刘弘大人。

张坦这人心里本就藏不住事，还没过几天，刘弘也发现了不对劲，询问后得知原来是香气惹的祸，他心里也苦：“荀令君（荀彧）到别人家，他坐的席中三日留香。我与令君比怎么样？您为什么不喜欢我的爱好呢？”

张坦听到荀彧的名字更不开心了，也不在乎自己说话乱了尊卑：“以前有一位美貌的妇人，生病而捧心皱眉，见到的人都觉得赏心悦目；她的邻居一个丑妇效仿她，见到的人就避之不及。您想要让下官向后退走吗？”

刘弘先是一愣，继而有些哭笑不得，没想到自己一个简单的爱好被张坦解读成了这样：“所以说，你是荀令君的小迷弟吗？”

被拆穿的张坦露出了一丝羞愧：“哼。”

蒹葭倚玉树

《世说新语·容止》JIANJIA

出处：

南朝宋·刘义庆《世说新语·容止》：『魏明帝使后弟毛曾与夏侯玄并坐，时人谓蒹葭倚玉树。』比喻一丑一美不能相比。

小剧场：

夏侯玄和毛曾是死对头，且不说政务工作上的问题，就毛曾那长相就让夏侯玄吃不下饭。

何晏和夏侯玄是好友，两人不仅性格相近，连平时的一些志趣爱好也甚是投契，时常一起结伴而行，那场面，可是相当引人注目。

何晏容貌俊美，才名在外，夏侯玄也是一个仪表出众之人，少时就颇有名望，俩人走在一起，极为赏心悦目。

夏侯玄交友虽不以貌取人，但这皮相，至少也得看得过去，再加上他自己也是个自视甚高、傲气十足之人。看到毛曾那副屁颠屁颠的狗腿样，配上一副不堪入目的容貌，实在让夏侯玄心生厌烦。

毛曾是个不会看人脸色的人，老是仗着自己的姐姐是皇后，非要和夏侯玄凑到一起。他甚至还和自己的姐夫（魏明帝）说悄悄话，什么自己很喜欢夏侯玄，希望姐夫帮帮自己。

魏明帝也是个护短的人，只要这俩人一同出现，必定将他们安排到一个席位上就座。夏侯玄虽有满腔怒火也不好发泄，只得板着个脸，装成一个木头坐在一旁，任凭毛曾说什么也不给个回应。

夏侯玄这表现不等于当场打皇帝的脸嘛，魏明帝不高兴了，你算哪块小饼干？长得好看了不起啊！

没过多久，锅从天上来，夏侯玄被降职了。降职就降职，反正再也不用看到毛曾了，他心里倒是没多在意，下一秒就去找何晏洗眼睛了。

可怜的毛曾正一个人躲在家里的角落暗自神伤，听姐夫说何晏每次出门都会搽粉，自己要不要去找何晏讨教一下美容的手法呢……

玉山上行

《世说新语·容止》

出处：

南朝宋·刘义庆《世说新语·容止》："裴令公有俊容仪，脱冠冕，粗服乱头皆好，时人以为玉人。见者曰：'见裴叔则，如玉山上行，光映照人。'"

小剧场：

隔壁的潘安出门又被狂热粉丝给围堵了，不仅将他的车马用水果塞满了，还把潘安的头给砸了，小道消息称，他前几天被水果砸的脸刚刚好了一些，现下刚一出门脑袋就给砸了。太可怜了。

裴楷坐在家里嗑着瓜子，听着自家小厮讲述最近的八卦，边听边笑，还跟着一起吐槽。小厮看到裴楷这副模样，止住了话音，神情有些鄙夷地看着自家公子。

"公子，您还好意思笑别人吗？"

嗝？笑到一半正开心的裴楷莫名其妙道："怎么了？"

"公子您的粉丝群体也很惊人，只是没有潘公子的那么狂热。您的外号是'玉人'，路上的姑娘可都说了，公子您是玉雕的人，气宇不凡，哪怕是蓬头垢面也遮挡不住您的仙气。指不定哪天，您一出门，就会有成群的姑娘嚷嚷着要抚摸一下您的身躯，沾染一下仙气呢。"

裴楷听到小厮这话，脑海中瞬间出现了一个画面，当下给吓得打了个颤："你别胡说！他们这样叫我怎么就是看中了我的容貌呢，明明是被我的风度所迷倒了。"

"……"小厮们对自家公子的自恋有些无语。

风华绝代

《南史》《晋书》

出处：

《南史·谢晦传》："时谢混风华为江左第一，尝与晦俱在武帝前，帝目之曰：'一时顿有两玉人耳。'"

《晋书·谢混传》："及宋受禅，谢晦谓刘裕曰：'陛下应天受命，登坛日恨不得谢益寿奉玺绂。'裕亦叹曰：'吾甚恨之，使后生不得见其风流！'"

小剧场：

有两人看王彧不顺眼，无奈一来没本事，二来容貌风采也不及他，只能在背地里传些谣言来恶心王彧。

这种谣言王彧向来是不放在眼里的，但这次，他捕捉到了个关键词——"谢混"。

据说这位名士在世时，其风华才学号称江左第一，甚至连当时的皇帝都因他的早逝而感到惋惜。

王彧有个迷弟叫袁粲，他说："王彧非但风流可爱，就是吃喝的样子也很好看。"王彧心里窃喜，但又听到袁粲的门客说，自己和谢混比起来，简直粗俗得和农夫一样。

这是王彧第二次听到有人将自己与谢混相比了。如此风华绝代之人，却未曾目睹其风采，实在是太可惜了。

林花谢了春红，太匆匆，

无奈朝来寒雨晚来风。

如何当一名集才华和颜值于一身的美男子？

文/江湖夜雨

江湖夜雨，诗词鉴赏类畅销书作者，央视《中国诗词大会》诗词达人、河北卫视《中华好诗词》第三季总冠军。

·王维 01

松风吹解带，明月照弹琴

说起历史上诗词文赋、琴棋书画样样俱佳的俊美才子，王维要算作是当中最出众的一个。诗文咱就不用说了，王维的书画可是名动千古，音乐才能也毋庸置疑，人家可是用一曲琵琶赢得玉真公主青睐的。

因为第一次科举，王维落第，于是他通过岐王等人，走通关节。在一次酒宴上，经岐王引见，“妙年洁白，风姿郁美”的王维怀抱着琵琶，在酒宴间为玉真公主献艺。

公主听了王维演奏的《郁轮袍》后，心神俱醉，让宫婢将王维带入室内，换上华丽无比的锦绣衣衫，然后安排王维入宴，坐在宾客的上首。席间，众人谈笑之际，公主觉得座中王维风流蕴藉，语言谐戏，不禁一再瞩目。

当王维吐露出想考取功名的愿望时，玉真公主心情正好，于是说，你这一年考去吧，保你中状元。岐王这时插话说：“状元这名次，你不是许给张九皋（张九龄的弟弟）了吗？”玉真公主瞅着王维，越看越爱，也顾不得张九皋这头的情面了，嗔道：“我爱谁就是谁。”于是第二年，王维就顺顺当当地进士及第，而且是头名状元。

由此可见，王维的相貌也是一等一的，在这个看脸的世界里，王维真是最理想的郎君了，他有才有貌，精书画，擅琵琶，性情温和，喜欢在花前月下、松间石上流连。当年刘秀曾说“娶妻当娶阴丽华”，我劝大家如果穿越到唐朝，可谓“嫁郎当嫁王摩诘”。

王维少年之时，就已才华横溢。少年的王维有着“相逢意气为君饮”的侠气，有着“红豆生南国，春来发几枝”的纯情，有着“劝君更尽一杯酒，西出阳关无故人”的真挚。

在王维十七岁时，他写下了著名的《九月九日忆山东兄弟》：

独在异乡为异客，每逢佳节倍思亲。

遥知兄弟登高处，遍插茱萸少一人。

句子平白朴实，却浑如天成，毫不雕饰，其中的真情不知感染了千百年来的多少人。

虽然王维后来官至右丞，但正像王维说的那样：“晚年惟好静，万事不关心。”只喜欢在山林泉下“松风吹解带，山月照弹琴”。王维由于后来笃信佛学，所以有“诗佛”之称。

品味王维的诗，有一种远离红尘的静谧。其他人的山水诗，往往忆古思今，但王维好多诗不是，只看到醉心于山林中与之融为一体、水乳交融的幽情雅意。

请看“人闲桂花落，月静春山空”，请看“明月松间照，清泉石上流”，请看“空山不见人，但闻人语响”，请看“雨中山果落，灯下草虫鸣”。王维笔下的那种清幽、安静、自然，如一潭清澈的水，无波无澜，却又清清爽爽。真所谓“鸢飞唳天者，望峰息心；经纶世务者，窥谷忘返”，王维的诗简直是夏日里一杯清凉的香茗。

如果你有一个人去山里面转的雅兴，当山里一个人也没有，而又风景优美、心情畅快的时候，你心中一定会不由得想起王维的诗：“兴来每独往，胜事空自知。行到水穷处，坐看云起时。”

多么清寂恬静的气息，接近禅意。

有一首写雪景的诗，虽然流传不是太广，但还是相当值得品读：

寒更传晓箭，清镜览衰颜。隔牖风惊竹，开门雪满山。

洒空深巷静，积素广庭闲。借问袁安舍，翛然尚闭关。

写雪景的诗说来不少，但是风格各异。虽然写的都是雪，但其中意境大不相同。

“未若柳絮因风起”，这种翩翩然的意境自然是大才女谢道韫的句子，而“皓虎癫狂，素麟猖獗，掣断珍珠索”，这种狰狞霸悍的口气就只有一代枭雄完颜亮才讲的出。“明月照积雪，朔风劲且哀”透露出乱世中谢灵运的惆怅，“乱云低薄暮，急雪舞回风”是饥寒交迫里老杜的辛酸。“欲将轻骑逐，大雪满弓刀”，写的是雪中的豪情，“孤舟蓑笠翁，独钓寒江雪”写的是隐者的胸怀。而一向推崇幽静的王维，他笔下的雪景，却是如此地恬淡静谧。

在一个雪后的清晨，已是白发衰颜的诗人起来梳洗时，不免对镜感叹。此时他听到窗外风动竹声，开门后只见远处山上早已积满白雪，这雪还在下，静静地下，此时的街巷是那样地幽静，似乎整个世界都空无一人，只有雪在悄悄地下。盐粒般的雪，洒遍整个庭院。这时诗人想起老朋友胡居士（信佛但未出家者称居士），想必他正在闭门悠然自得吧。

读王维的诗，如欣赏一幅轻笔淡墨的山水画，如听一曲清淡平和的古琴曲。他的诗多数都是体现一个静字，“人闲桂花落，夜静春山空”“涧户寂无人，纷纷开且落”“雨中山果落，灯下草虫鸣”……都是如此。此诗也不例外，这句“洒空深巷静，积素广庭闲”，写雪中之静，当真妙到巅毫，咏雪诗中无人可及。

王维既是诗人，又是极擅丹青笔墨的画家，以王维独有的绘画家的眼光来感知，所以才敏锐地察觉到落日之“圆”和孤烟之“直”。而“白”“青”这两个字也是画家对色彩方面特有的敏感。

他首先采用“破墨”新技法，以水墨的浓淡渲染山水，打破了青绿重色和线条勾勒的束缚，大大发展了山水画的笔墨新意境，初步奠定了中国水墨山水画的基础。我们看一下王维所著的《山水论》中的几句话：

凡画山水，意在笔先。丈山尺树，寸马分人。远人无目，远树无枝。远山无石，隐隐如眉；远水无波，高与云齐。此是诀也。

山高云塞，石壁泉塞，道路人塞。石看三面，路看两头，树看顶头，水看风脚。此是法也。

由此可见王维画技之精深。

与此同时，王维还精通乐理，擅弹琵琶。虽然我们听不到他的《郁轮袍》，但他的音乐才华是世人公认的。呵，人家公主都赞赏，我等谁能不承认。《唐才子传》中写有个人拿一幅《按乐图》给王维看，王维一看就说是“此《霓裳》第三叠最初拍也”。这人不信，让人一弹，弹到此处，对图一看，果然就是这样的姿势，王维音乐方面的才华可见一斑。

寻常的人有一项成就就可以跻身于才子之列，何况王维竟集诗书画琴四绝于一身？

王维给我们留下的那些好诗句，最适宜在雨声滴沥的秋夜里一个人静静地读，读着读着，你心中的伤感、孤独、寂寞会像被山中的清泉水洗过一样纷纷淡去，只留下和诗中山水一样美的心境：恬淡、清幽、澄静。

人们往往说什么“才比子建，貌似潘安”，其实王维又何尝不俊秀，又何尝不多才多艺？

· 李煜 02

往事已成空，还如一梦中

提到南唐后主李煜，相信大家眼前会浮现出一个温文怯弱、眼中饱含委屈的男子形象。明月小楼，笙歌听罢，任泪水满面纵横，无奈一江春水东逝，旧梦无踪！一滴滴洗面后落下的清泪，一滴滴肺腑里沁出的鲜血，写成了那些名传千古的词句。

如果人生可以选择的话，他肯定不会选择当一个君王。

据说，李煜长得是“丰额骈齿”“一目重瞳”，被称为帝王之相。然而，当李煜被擒到汴京时，赵匡胤见了他那手无缚鸡之力的文弱样儿，轻蔑地笑道：“公非贵貌也，乃一翰林学士耳。”

如果李煜不生于帝王之家，能安安稳稳地当一个翰林学士，又是何等的幸福！明代余怀就感叹过“李重光（煜）风流才子，误作人主”，清代郭麐也有诗惋曰“作个才人真绝代，可怜薄命作君王”。

君王的宝座，历史上不知有多少人费尽心机，不惜弑父弑君，杀兄屠弟来攫取。而李煜，却无心坐上那把龙椅。只不过时运逼人，这皇位想推也推不掉。

李煜并非长子，前面有不少的哥哥，但都死在他前面。当初看似最不可能属于他的皇位，却落在他的手里。然而，这是一只烫手的山芋。当他继位的时候，南唐已是势如累卵，危在旦夕。

期盼李煜这个娇气怯弱的“富三代”，在武将出身的赵匡胤“虎口”下能有所作为，那可是太勉为其难了。后人往往事后诸葛亮，评断李后主的种种昏招：什么受敌国猜忌害死自己的大将林仁肇，误杀了忠臣潘佑、李平（其实二人是自杀）等等。但平心而论，就算是李煜宵衣旰食般地励精图治，顶多是个“南唐版”的崇祯，那南国温柔水波中的人儿，天生就敌不过如寒潮般奔袭而来的北地铁甲。

李煜前后有两个皇后，后人称为“大周后”和“小周后”，她们是一对姐妹。

“大周后”周娥皇是南唐开国老臣周宗的长女，生得“凤眼星眸，朱唇皓齿，冰肌玉肤，骨清神秀”，通书史、能歌舞、工琵琶，是一位才色俱佳的美女。她和李煜一同谱制了很多新曲，并且将盛唐时失传的《霓裳羽衣曲》补全重现。然而，他们却忘了“霓裳一曲千峰上，舞破中原始下来”，这本是亡国之曲！

大周后二十九岁就不幸病亡，当时李煜悲痛欲绝，自称为“鳏夫煜”，并为周娥皇写下情深意切的悼词，我们试看一段：

追悼良时，心存目忆……蝉响吟愁，槐凋落怨。四气穷哀，革此秋晏。我心亡忧，物莫能乱。……事则依然，人乎何所。悄悄房栊，孰堪其处。呜呼哀哉！佳名镇在，望月伤娥。双眸永隔，见镜无波。皇皇望绝，心如之何。草树苍苍，哀摧无际……

这和那些套话连篇的祭文不同，其中浸透着绵绵肺腑的深情。像“佳名镇在，望月伤娥。双眸永隔，见镜无波”之类的词语，和《红楼梦》中《芙蓉女儿诔》的字句何其相似！

然而，李煜却并非是专情之人，他和小周后早就密期暗约：

花明月黯笼轻雾，今宵好向郎边去！衩袜步香阶，手提金缕鞋。
画堂南畔见，一向偎人颤。奴为出来难，教君恣意怜。

——《菩萨蛮·其一》

蓬莱院闭天台女，画堂昼寝人无语。抛枕翠云光，绣衣闻异香。
潜来珠锁动，惊觉银屏梦。脸慢笑盈盈，相看无限情。

——《菩萨蛮·其二》

这两首词写得很是让人心旌摇动，第一首更是名传后世，堪为艳词经典。“画

堂昼寝”是在白天，“花明月黯”则是深夜，看来两人无论是白昼黑夜，都见缝插针般秘密幽会。“奴为出来难，教君恣意怜”这样大胆露骨的句子，有着天雷勾动地火般的炽热情怀。

“晚妆初了明肌雪，春殿嫔娥鱼贯列。凤箫吹断水云闲，重按霓裳歌遍彻。”这一阕《玉楼春》中的情景，写出了醉生梦死中的李煜。

然而“林花谢了春红，太匆匆”，这样的好日子很快就到头了。

即便是豪气盖世的西楚霸王，都有“时不利兮骓不逝”的叹惋，在五代十国那个用刀枪说话，用拳头称王的时代，我们又如何能期盼“生于深宫之中，长于妇人之手”的李煜，有“扶大厦之将倾”的神奇能力呢？

所以，等待李煜的注定是这样的一幕：

四十年来家国，三千里地山河。凤阁龙楼连霄汉，玉树琼枝作烟萝。几曾识干戈？

一旦归为臣虏，沈腰潘鬓消磨。最是仓皇辞庙日，教坊犹奏别离歌。垂泪对宫娥。

——《破阵子》

关于这一首词，苏轼在《东坡志林》中曾嘲笑道：“后主既为樊若水所卖，举国与人，故当恸哭于九庙之外，谢其民而后行，顾乃挥泪宫娥，听教坊离曲哉！”

所谓樊若水，是一个怀才不第的读书人，“高考”屡屡落榜后就自发地“潜伏”下来，为宋朝当了“地下工作者”。樊若水精心测量了长江天险的长度，绘成图纸献给赵匡胤。宋军依此架桥“三日而成，不差尺寸”。

看来朝廷有才不能用，危害大大的，前有黄大王（巢）、后有洪教主（秀全），就算是樊若水这样的普通人，也能把刀子捅到你的“罩门”上，叫你考试不公平，玩潜规则！

苏轼嘲笑李煜英雄气短，儿女情长，说得虽然不错，但我们不能期望温柔乡中长大的李煜有恸哭九庙的慷慨，正像我们不能期望贾宝玉能虎吼一声，救出落难的红楼女儿来一样。

国破家亡，这对李煜的精神打击可想而知，然而，他只有以泪洗面，写出那一句句摧断肝肠的词句：

无奈夜长人不寐，数声和月到帘栊……

无言独上西楼，月如钩……

往事已成空，还如一梦中……

流水落花春去也，天上人间……

千里江山寒色远，芦花深处泊孤舟。笛在月明楼……

穿过光阴的深潭，这些珍珠一般的妙句，定将传世不朽。然而，它们正如蚌中之珠，在李煜千百次心痛的挤压摩擦下，在一年年血泪的浸润之中，才得以有如此完美的辉光。

春花秋月何时了，往事知多少？小楼昨夜又东风，故国不堪回首月明中。

雕栏玉砌应犹在，只是朱颜改。问君能有几多愁，恰似一江春水向东流。

——《虞美人》

这是李煜最著名的词，也是他生命中的最后一首词，据说赵光义听他命人高唱“故国不堪回首月明中”之句时，大为不快，于是杀心顿生，命人用牵机毒酒药杀了李煜。李煜十分痛苦，辗转于地，最后头足相接，缩成弓形而死。

这一天，正是七夕之夜。有人惋惜，说李煜为什么要那样露骨地表达思念故国的情怀？实在是太痴，太迂，太傻！其实，李煜可能早就无法再

忍受精神上的折磨，就是死，他也要写出心中的委屈！没有喝那杯牵机毒酒前，李煜的肝肠早已被揪扯得寸寸而断，他的腰身早就被折辱得佝偻不堪。

此后，小周后也在绝望中上吊自杀。

林花谢了春红，太匆匆，无奈朝来寒雨晚来风。

胭脂泪，相留醉，几时重。自是人生长恨水长东。

一场无法追寻的南唐残梦，一段玉碎珠沉的末世哀弦。然而，这同时却也是宋代词坛的序曲。

身为赳赳武夫的赵氏兄弟，占据了南唐的江山故土，不想李煜的精魂才气，却浸透到两宋的数百年时光中，成为“弱宋”的主基调。而赵光义的子孙，也遭受了亡国之辱，这冥冥中是否真有天道循环？

王国维先生曾说：“尼采谓：‘一切文学，余爱以血书者。’后主之词，真所谓以血书者也。”然而，如果可以选择的话，我宁可不要这些极好极好的词句，不要这些字字凝血的佳作。就让李煜做一个平庸而幸福的君主吧。

诗词鉴

书画篇

美男晋级之路

文/古人很潮

现代美男想要成为偶像，必须得经过重重关卡，点满唱歌、跳舞等技能点，才能受到粉丝的欢迎。古代也是这样，单纯长得好看就能成为名士美男？醒醒，别做梦了。除了长相突出以外，你还得具备其他的技能——写诗、画画。

大名鼎鼎的才子唐伯虎曾经说：“琴棋书画诗酒花，当年件件不离它。”这句话就是告诉你，不懂琴棋书画，不参加喝酒应酬，肯定是没办法在文人交际圈里混下去的。

才华斐然的美男，我们已经在前面介绍过，接下来要讲的是美男必备的另外一大技能——书法。你可能会觉得奇怪，我字写不好跟我才华横溢之间有什么关系呢？

在古代，没有笔记本电脑，要进行文学创作，纯粹靠手抄。想象一下，有一天，你游览完黄鹤楼之后诗兴大发，在墙壁上提诗一首，接着扬长而去。围观群众凑近一看，不禁傻了眼，这写的都是些什么玩意？

众人不禁对你的文人的身份产生了深深的怀疑。

字写得好不好，在古代是个严肃的门面问题。

那些风华绝代的美男子们，字写得到底如何？

· 嵇康 01

代表作：《与山巨源绝交书》《酒会诗》

作为魏晋头号男神，嵇康的书法自然不差。他跟山涛写的绝交书，不仅登上了当时的热门新闻头条，更是流芳千古。

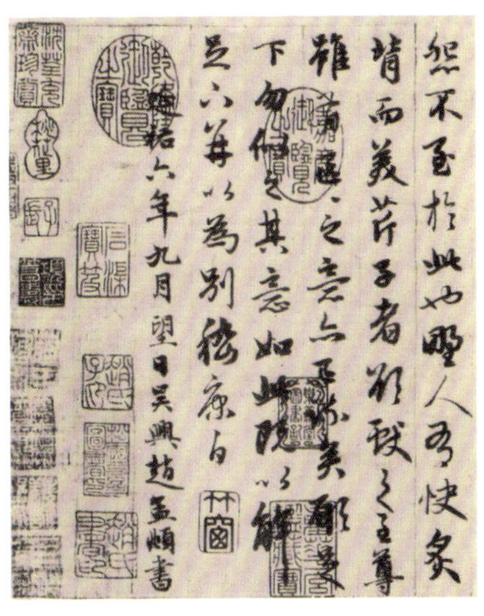

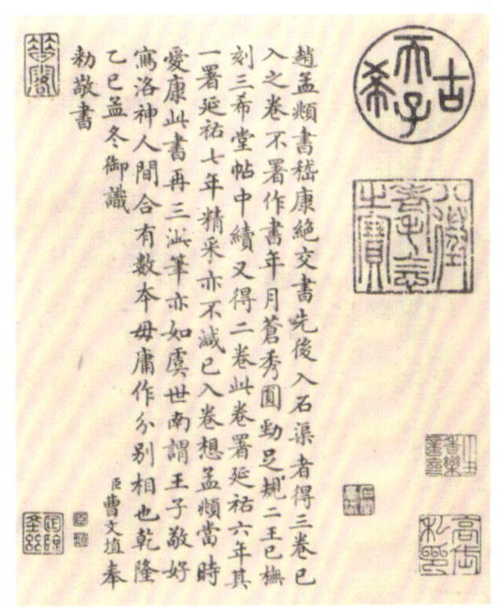

《赵子昂书嵇康与山巨源绝交书》

自非重怨，不至于此也。野人有快炙背而美芹子者，欲献之至尊，虽有区区之意，亦已疏矣。愿足下勿似之。其意如此，既以解足下，并以为别。嵇康白。

唐代著名书法“大 V”张怀瓘曾经这样评价嵇康的书法：“嵇康擅长书法，尤其是草书，你看那一笔一画，一点都不捏揉造作，仿佛浑然天成一般。更绝妙的是，他的书法看起来飘逸异常，像一个高妙的隐士，虽然身处贫寒之地，但是内心傲然视物……总之就是棒棒棒！”

·王羲之 02

代表作：《兰亭集序》《快雪时晴帖》

被称为“书圣”的王羲之，由于书法成就太高，差点让人们忘记他也是个风度翩翩的美男子。

王羲之出生于琅琊王氏，这个家族的人都长得一表人才，王羲之在其中气质尤其出众。他十六岁的时候，凭借着帅气的长相跟沉稳的气质，被东晋名臣郗鉴选为女婿。

最可怕的不是别人有天赋，而是有天赋的人比你还努力。

王羲之就是这样一个努力的“学霸”。他七岁时书法就写得不错，后来又跟着卫夫人学习书法，苦练数年后，终于融汇各家所长，有了自己的书法风格。

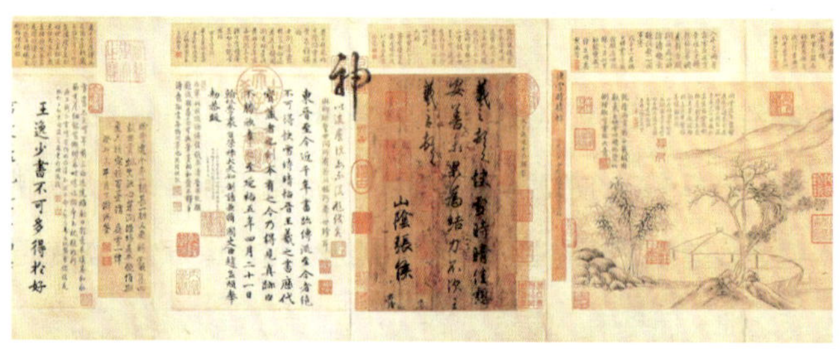

东晋 王羲之《快雪时晴帖》

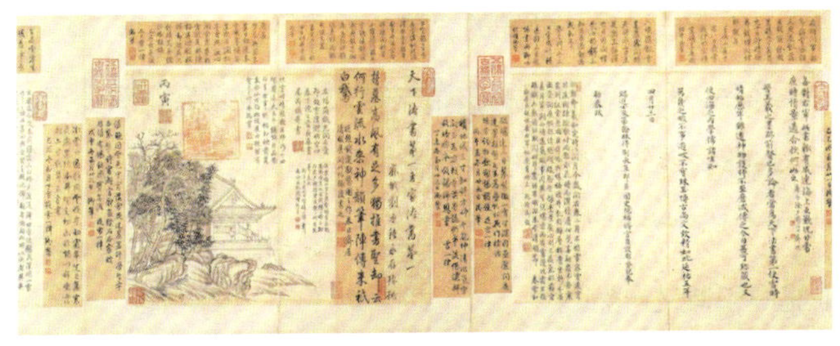

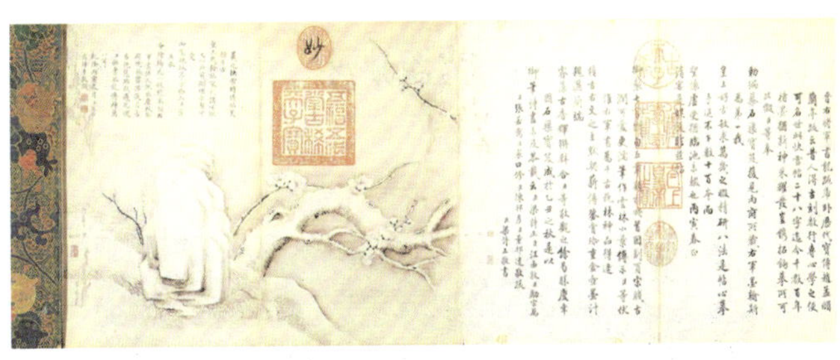

东晋 王羲之《快雪时晴帖》

羲之顿首：快雪时晴，佳。想安善。未果，为结。力不次，王羲之顿首。山阴张侯。

王羲之的代表作是《兰亭集序》，被誉为“天下第一行书”，圈粉无数。我们今天来看王羲之写的字，不宽不窄，不刚不柔，平和自然，似乎没有什么显著的特点。

没错，没有特点就是王羲之书法的最大特点。

古代有名的书法家一般都有自己的特征，要么笔力刚劲，要么潇洒张狂，要么独树一帜，比如宋徽宗的“瘦金体”，一出手就知道是谁。反观王羲之的书法呢？看起来工整舒适，增一分嫌多，减一分嫌少，一切恰恰停留在了最合适的地方。

这种带点儿“中庸”的笔法，看似容易，还真不是一般人能写出来的。

将王羲之的书法推上神坛的，是他的头号粉丝唐太宗李世民。唐太宗不仅到处去搜集王羲之的字，还亲自临摹自己偶像的作品，搞得当时朝廷上掀起了一股为王羲之打 call 的风气。在唐太宗的应援之下，王羲之的名

气越来越大，终于成了我们熟知的“书圣”。

《兰亭集序》是王羲之跟朋友谢安等人在兰亭聚会，喝多了之后即兴写的序言。就算喝多了，王羲之也非常讲究，里面共出现了 21 个“之”字，每个“之”的写法竟然都不一样！但是整体看来又不会觉得突兀，每个“之”字在其中显得和谐又自然。

不得不感慨，书圣不愧是书圣。

《兰亭集序》的真迹目前已经不知所终，好在我们还可以从临摹本中看到当年曲水流觞的名士风流。

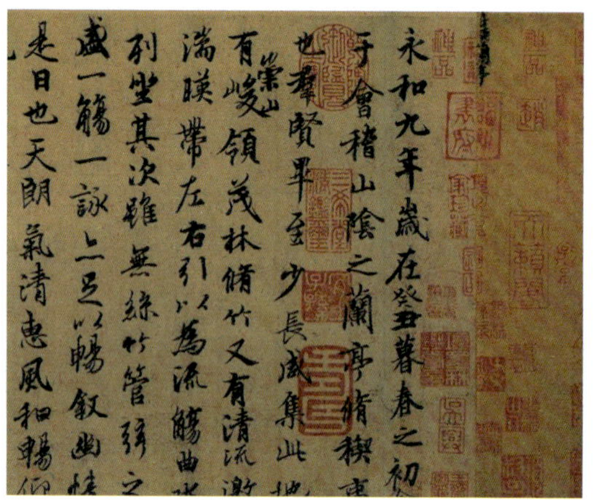

唐 冯承素摹《神龙本兰亭集序》

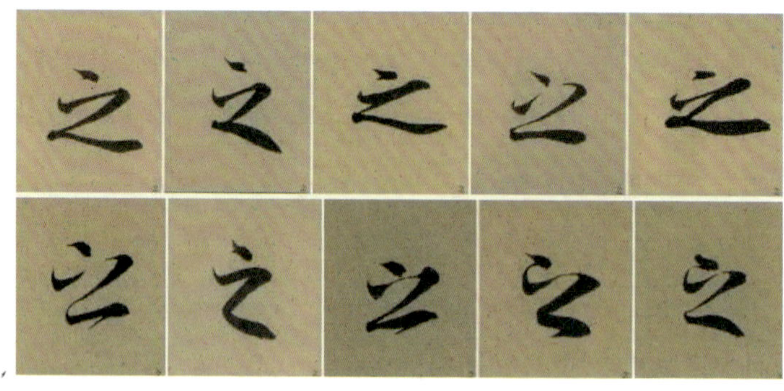

《兰亭集序》中不同的“之”

·赵佶 03

代表作：《楷书千字文》《秾芳诗》

按照古代人的标准来看，具有文艺细胞的宋徽宗赵佶是那种长相秀气、风度翩翩型的美男。如果不是皇帝这个身份影响了他，他一定会成为当时举世闻名的风流才子。

古玩、书法、丹青绘画，赵佶什么都爱玩，每一样还都玩得很精通。其中他创造的瘦金体，可以说是前无古人后无来者，抛开传统的楷书、草书、隶书，让人发现原来字还可以这样写，实在是太厉害了！

赵佶手下的“小弟”蔡京也是一名书法不错的美男子，惊喜不惊喜，意外不意外？可惜他们本职工作的风评实在太差，黑粉不少，战斗力没有前面几位美男强。

瘦金体

小栏目：古画里的名士风流

12,306人关注	103个回答

 **古人很潮**（楼主）

9,996 人赞同了该回答

在你眼中，

古代的美男可能长这样。

但是实际上古人的画中，

他们可能长这样。

等等，这跟想象中的帅气美男完全不一样嘛！

一方面，古代对于美男的审美标准确实跟现代完全不一样，另一方面，中国画讲究的是神似，而不像西方油画那样精细，仔细看看下面的画，是不是感觉到了一丝高人飘逸的气息？

飘逸X1

飘逸X2

……

飘逸X100

五代 卫贤 《高士图卷》

这张画描绘的是东汉名士梁鸿和妻子孟光秀恩爱“虐狗”的一幕。虽然是名士，梁鸿却不是颜控，他的妻子孟光长得很丑，却很贤惠，两人一起隐居到大山里，过上了举案齐眉的幸福生活。

唐 孙位《高逸图》

《高逸图》，又名《竹林七贤图》，是以“竹林七贤”为模特来画的一幅传世名画，这可能是你距离偶像大大距离最近的一次！不过目前的《高逸图》是残卷，仅存有四个人物。

阮籍：真名士，
还是有点儿怕热。

刘伶：我的酒量比阮籍更好，
别拦着我……我……还能喝……

王戎：我的爱豆嵇康大大
怎么还没来？

山涛：披着小丝巾的我最凉快，嘿嘿。
你说嵇康要跟我绝交？我不听我不听。

元　孙君泽　《高士观眺图》

这幅画中的高士带着一名小童眺望远方，虽然不知道他们在看什么，也看不清名士的相貌，不过配上这云雾缥缈的景色，还真的挺有恬淡的名士风范。

宋 赵佶《听琴图》

明 文徵明《松石高士图》

“名士聚会”是中国画中的热门题材，不少著名的画家都踩过这个热点。明代画家文徵明跟好朋友蔡羽、王守等人外出旅游，一路上游山玩水，品茶聊天，吟诗唱和，过得十分惬意。这幅画就是描述的名士们的幸福生活。

《听琴图》的作者，有人说是宋徽宗麾下翰林画院的“小弟”画的，也有人觉得这就是宋徽宗的亲笔画。画上的人物，很可能就是宋徽宗自己。只见他一副道士的模样，端坐中间弹琴，旁边还有两名迷弟在为他“打 call"，可以说是非常有 " 排面 " 了！

穿衣服也有讲究？教你一秒变身型男

文／古人很潮

我们现在看古装剧里的美男子，长袖宽衣，显得俊美又飘逸，让人羡慕得不得了。如果你穿越回了春秋战国时期，并立志当一名倾国倾城的美男子，你会发现，这里的流行风尚，跟电视剧里完全不一样。

别急着悲伤，虽然你没有“神仙姐姐”似的衣装，但这时候已经不少好看的衣服可以供你选择了。

商周时期的衣服，跟现代有些类似，袖子较窄，上下分开，但到了春秋战国时期，一种叫“深衣”的连体服风靡了各个国家。

大家上班穿它，重大节日时穿它，就连祭祀时也穿着深衣。不过这种衣服穿起来行动不便，天天穿着它的人大部分是贵族，普通的平民百姓为了干活方便，除了重大节日以外，其他时候都穿着短褐。

除了深衣以外，胡服在这个时期也颇受欢迎，初来乍到的你，也可以穿胡服体验一把异域风情。

直裾

如果你来到了秦汉时期，首先要搞清楚自己的身份。汉代服饰有比较严格的冠帽制度跟佩授制度，不同的官职，佩戴有不同形制的冠帽跟不同颜色的佩绶，一眼就能看出你是皇亲国戚还是九品芝麻官。

搞清楚自己的身份问题后，你就可以兴高采烈地给自己准备衣服了。你翻开一本《秦汉潮流志》读了两页，咦，怎么现在流行的衣服跟之前差不多？

没错，汉代男子的服饰跟之前的差别不大，日常穿着主要分为曲裾、直裾两种。曲裾，就是战国时期的深衣，这一穿法在西汉时期比较流行。到了东汉，最新潮流服饰是直裾襜褕。和宽大的曲裾不同，直裾对身材的要求比较高，要想穿出英姿飒爽的气质，建议你穿越之前先去健身房努力锻炼一阵子。

值得一提的，这时候曲裾深衣是男女通吃的，不是小姐姐的专属哦！如果你想成为一名著名美男子，下摆宽大，走路带风的曲裾一定也挺适合你。

曲裾

如果你对秦汉不感兴趣，一心想回到魏晋南北朝当个美男名士，你可要提前做好心理准备了：魏晋南北朝时期的服装，追求是宽大、飘逸的效果，有时候还一言不合就“裸奔”。

这时候的名士们都觉得戴帽子太麻烦了，一点都不轻快自由，他们喜欢的是幅巾，类似于我们今天的头巾，这才是高贵儒雅的标志。

魏晋衫襦裙

这时候的穿着以“衫”为主。魏晋的名士们多光身着宽大外衣，或者外衣内穿一件类似“吊带衫”的奇特内衣，有时候还用飘带作为装饰，看起来非常飘逸，这便是辞赋中的“华袿飞髾”，用咱们现在的话说，那可真的是潮爆啦！

如果你想效仿“竹林七贤”，袒胸散发，玩一回“裸奔”的行为艺术，记得披上一条当时流行的轻纱披巾，当你喝酒或者与人讨论哲学问题时，身上的轻纱随风扬起，这才有魏晋美男的风范嘛！

到了隋唐时期，潮流又变化了。这时候圆领袍衫是大受欢迎的男子服饰，除了祭祀典礼之外，其他时候都可以穿。

你可能觉得有些奇怪，这圆领袍衫看起来血统不太正宗，再一考证，还真是从“胡服”演化而来的。

隋唐时期正是民族融合的高峰期，这时候的流行服饰带点儿异域风情不是什么稀奇事。如果你有混血血统，穿越过去说不定会大受当时少女们的欢迎呢！

描绘唐太宗接见吐蕃使者禄东赞的《步辇图》

看完了大唐流行风尚，下一站是无数文人名士都向往的宋朝。不得不说，时尚就是一次又一次的经典轮回，到了宋朝，宽衣大袖之风又重新受到欢迎。“圆领袍 + 复古风潮重新 mix”组合成了新式圆领袍衫，是当时宋朝公务员们上班穿的衣服。如果你想当个宅在家的美男，直裰也是不错的选择。和色彩缤纷的唐朝服饰不同，宋朝比较流行素净简朴的服饰风格。

你想象一下，长相帅气的爱豆穿着颜色质朴的衣衫，是不是有点“禁欲系”美男的感觉？

明朝时期的潮流基调就是“复古”，男子服饰大体上跟唐宋差不多，还是以袍衫为时尚，只是在具体的衣长比例、领子样式等地方有细微的调整。这时候的文人墨客们很喜欢穿“道袍”，别误会，这个道袍可不是要你当道士的意思，而是一种文化人的休闲服。

道袍

值得一提的是，如果穿越回明代，锦衣卫是你不容错过的就业选择。锦衣卫上班穿的飞鱼服是赐福的一种，纹样繁复，制作精良，穿上它，人群中最耀眼的那颗星就是你！

飞鱼服

如果你不小心穿越回了清朝，可要准备接受死亡考验了——能经受得住秃（剃）顶（头）考验的美男，才是真正的美男。如果对自己的颜值没有信心，请谨慎穿越。

看准了自己穿越的朝代，没事多了解一下本朝的时尚，该穿什么你心里应该有点数了。能不能成为举世闻名的美男，剩下的全靠你个人的颜值造化了！

参考文献：

《中国衣冠服饰大辞典》

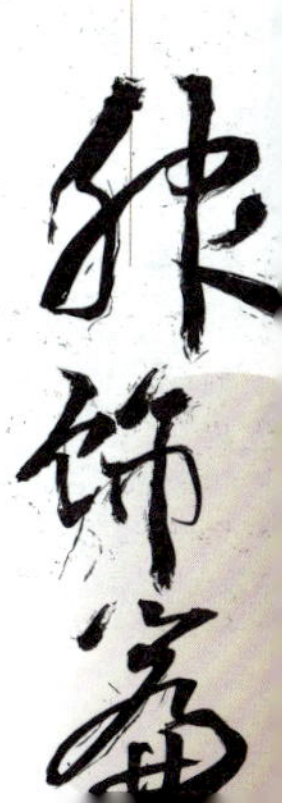

当一位讲究的型男，熏香了解一下？

文/孟晖

孟晖，知名学者、作家，通晓英、法、西班牙语。

作品有长篇小说《孟兰变》、随笔集《维纳斯的明镜》、《潘金莲的发型》、《花间十六声》、《画堂香事》及学术作品《中原女子服饰使稿》、译作《西方古董欣赏》（与人合作）等。

近些年，幻想穿越时空的小说很流行，然而，如果真有一位宋代士大夫穿越到我们这个时代，大概要震惊于如今大多数中国人身上没有香气飘散，要惊讶于我们如此不在意香氛的魅力。

“荀令留香”，是个大家常常会读到的著名成语。然而，这里面究竟蕴涵了怎样的典故，很多人并不清楚。

荀令是指三国时期曹操的谋士荀彧，至于他永远浓香习习的说法，则来源于东晋人习凿齿的著作《襄阳耆旧记》。书中介绍西晋人刘弘的一则轶事，说他“性爱香，尝上厕还，过香炉上”（引自《艺文类聚》）。

这位刘弘乃是一代名将，但却非常重视仪表的优雅，他身上的气味一定要好闻。由此，他形成个习惯，每次上过厕所之后，一定要站到香炉上方，把自己好好熏一会。他手下的主簿张坦却觉得，堂堂军人搞得这么香喷喷，未免太“娘炮”，就劝他：“大家都传言说您俗气，还真没说错！”

但是刘弘爽快地回答：“前人荀彧只要去别人家做客，所坐过的地方一定会飘香三天。我哪里就比荀彧差？你为什么非要讨厌我的喜好呢？”

刘弘的人生姿态爽朗自信，就是从他的回答中，后人才得知，在晋代曾经流传着一则轶闻，说著名的美男子荀彧喜欢熏香，所过之处必定留香三日，从此，“荀令留香”的典故代代流传。把衣服在香炉上加以熏香，乃是中国古代长久流行的风俗，荀彧与刘弘的事迹恰恰告诉我们，熏衣并非女性的专享，男性也一样喜欢衣香撩人的家居或外出。

我们今天或许以为，熏衣，就是在香炉内点上香，扣个熏笼，铺上衣服。然而，中国古人事事都无比细致讲究，怎么可能单在衣香的问题上简单粗暴呢！

传统生活中，熏衣形成了特殊的程序，贵族家庭还为之定制专门的配套熏衣器具，包括一只盛热水的敞口深腹大“香盘”、一只带把小香炉，以及一个竹编的大熏笼。在三国两晋时期，贵族入葬时，会以这套熏衣具的明器作为陪葬品，长伴墓主人，可见古代上层社会对于衣香的注重，他们对于举动间要随时“香出衣”的孜孜追求。

宋代是中国文明的黄金时代之一，更是士大夫文化的辉煌时光，也是品香雅道的高峰。两宋三百年间，优雅男士们热爱衣冠飘香，相比荀彧、刘弘等前人，乃是有过之而无不及。

“铁面包公”是深入人心代表正义的形象，实际上，这个经典人物是由两位宋代真实人物综合而成。原型人物之一为包拯，原型人物之二则是另一位北宋名臣赵抃。赵抃天生面黑，并且为人刚正，在朝堂上弹劾权贵

时毫不避忌，所以被公众誉为“铁面御史”。民间传说把“铁面御史”移花接木到包拯身上，才有了传统文化中“铁面包公”这一儒家道德的象征。按我们习惯的思维模式，如此刚正的清官，一定生活简朴，无嗜无欲吧？事实却是，赵抃以喜欢焚香、熏衣，在当时名闻遐迩！

南宋人叶梦得《避暑录话》里记载，赵抃喜欢熏衣到了痴迷的程度，在他住处，设有一只特制的超大号熏笼，直径达五六尺，笼下置放一只熏炉，终日香烟不灭。他常穿的衣服从不收入衣箱，每次脱下衣服，就直接扔到熏笼上，接受熏濡。由于熏炉长年爇香，所以一旦他搬家，原住处会长达几个月余香不绝。这样说来，赵抃不仅衣香袭人，他的住处因为终日有熏笼缓吐烟麝，更是芳气盈漾。

这位铁面御史虽然痴迷熏衣，但到底还是遵循着通行的习惯，将衣服摊开在熏笼顶，熏毕再穿上身。北宋另一位重臣梅询却喜欢站到香炉上方，不仅熏衣服还熏自己！相关事迹见于欧阳修的《归田录》，书中说，“梅学士”即梅询，每天早晨开始办公之前让下人焚好两炉香，然后由他站到一双香炉当中，把穿在身上的官服罩到炉顶。等熏足了烟香，就紧紧攥住两只袖口，如此拢住袖内的香气。前往官厅上坐定之后，才松开袖头，让袖内所涵的烟芬四散，于是整个“办公室”内顿时异香弥漫。

宋代士大夫十中有九热衷焚香，本不奇怪，不过梅询立志于把自己变成一座移动的散香器，这就令众人折服了。不知梅询的“颜值”如何，反正这样的记录真是显得十分“妩媚”。其实众多宋代士大夫的生活状态大致相仿，人是香喷喷的，书斋、卧室、寝帐也一样香喷喷的，朝堂与官署更是香喷喷的。去参加雅集，主人的客厅，秦楼楚馆，甚至民间经营的酒楼，亦是炉散篆烟，还有人的衣香、所配香囊香佩之香、化妆品的香气氤氲成一片。

一旦他起身离开，则在身后留下悠长的，久久不肯彻底消失的香气余韵，牵引着你的灵魂，召唤你追随而去。

西晋熏衣用具大盘点

文／孟晖

· 香盘 01

由于熏衣的独特需要，出现了与熏笼配套使用的专用盛水盆，叫作“香盘”。宋人陈敬所撰《陈氏香谱》中，“香器品”一节便具体解释了“香盘”的形制与意义：

用深中者，以沸汤泻中，令其气蓊郁，然后置炉其上，使香易著物。

香盘一定要壁高腹深，有相当的容量，这样，热水倾注到盆内之后，蒸腾的热气才能聚拢在盆腹内，不轻易逸散，从而持续洇润所熏之衣，增进吸附香精的效率。

· 熏炉 02

青瓷炉
湖北鄂城三国墓出土

湖北鄂州三国墓出土的一组“青瓷熏炉”（现藏鄂州市博物馆）也应该是一套熏衣用具的明器。尽管是明器，形制却考究细致，上部的熏笼带有一双耳式提手，周身遍布散烟的镂孔，一侧还附有一只圆筒，猜测是为放置植物香料而设。熏笼底座为外撇的圈足，正好扣合在香盘的口沿上，可见当时，熏笼与香盘为配套设计、配套制作，熏衣时也是专器专用。组合中的香盘也带有一对耳式提手，因此与熏笼一样搬移灵便，种种细节都展示了熏衣用具在三国时代的高度成熟。

西晋熏衣用具大盘点

文/孟晖

· 熏衣用器组合 03

《中国文物精华》收录的熏衣用器组合同样是设计上的精彩案例。下层的香盘为一只鼓腹的圆钵，足以装入适量的热水，也能容纳一只香炉，但口沿略向内收敛，如此，既聚拢水汽，又正好成为架承熏笼的基座。这只香盘也带有对称的提手，可以搬移。熏笼则在敞口之上设有丁字形提梁，既是提手，也是衣架，足以将待熏的衣裙撑起。小香炉则形式简单，一侧装有把手以便移动，口沿呈喇叭式敞开，不仅散香充分，并且让人可以随时观察、打理炉内的香料与炭火。

这一组熏衣专具明器出土于西晋太康三年（公元 282 年）的纪年墓中，十分具体的反映出汉晋贵族对于衣香地注重，他们对于举动间要随时“香出衣”的孜孜追求。所谓“荀令君至人家，坐处三日香”，大概正是熏衣的功劳。

酒壶

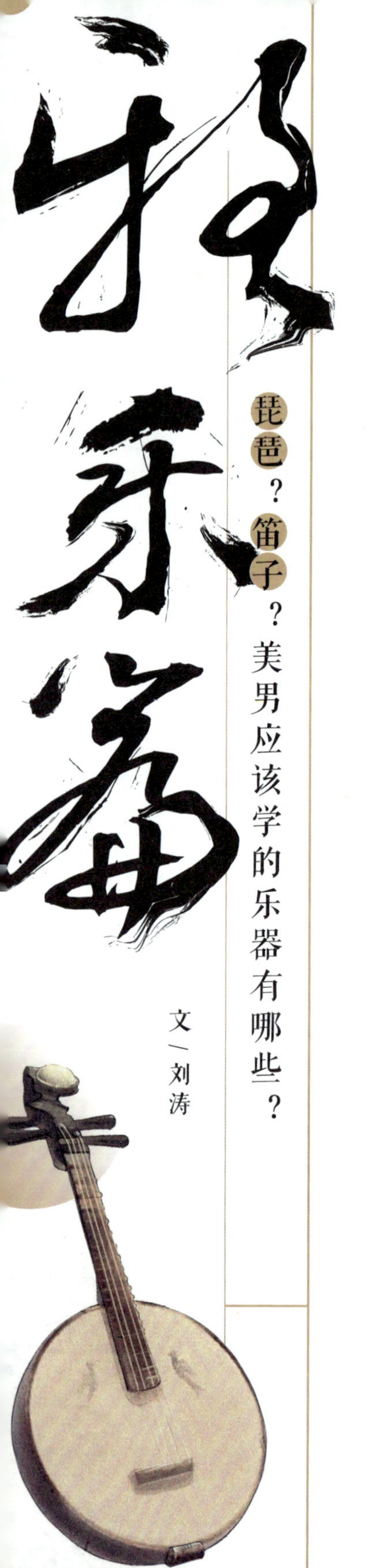

琵琶？笛子？美男应该学的乐器有哪些？

文／刘涛

刘涛，唐代礼乐复原组古谱学及古代音乐理论研究者。出生于戏曲舞美世家，在美国费城爵硕大学留学期间就开始对各国学者有关日本雅乐研究专著进行系统学习。

不管是现代还是古代，都不缺音乐爱好者。不过鲜为人知的是，中国的古代音乐有极强的功能性，不仅仅是好听而已。

比如有人认为宫廷里的音乐都是“雅乐”，于是出现了将河南博物院复原的燕乐古曲《瑞鹧鸪》称为“雅乐”的网络评论。如果你穿越回古代，会发现完全不是这样。

那么“雅乐”的内容和功能是什么呢？究竟古人的音乐生活是怎样的呢？先让我们来看看我国目前出土最早的乐器是什么样吧。

在今天的河南贾湖，经考古发现了20多支骨笛。这些骨笛看起来跟今天的笛子很相似，但与今天的笛横吹不同，而是类似吹箫一样，这些骨笛七声音阶齐备，大大超过今人对古人的音乐水平的想象。

到了商代，出现了用青铜铸造的铙钟。铙钟的外形类似编钟，但是与编钟开口向下悬挂相反，是开口向上立于立柱之上的。殷墟妇好墓曾出土有五柄成组合的铙。铙虽然是乐器但也体现了墓主人的身份，可见妇好的老公商王武丁是有多重视他的妻子。

商代妇好墓 铙

而“雅乐”这一词汇正式出现在周代，《论语》里就有它的存在。如果想进一步了解周代的音乐，《周礼》等古籍你不要错过。《周礼》记载了周代保留的上古音乐，如《云门》《大卷》《大咸》《大磬》《大夏》《大濩》，这些都是祭祀听的音乐。古代人民比较讲究等级秩序，除了祭祀时要听音乐之外，射礼时也不能缺少音乐：

据《周礼》记载，王射礼的时候演奏《驺虞》，诸侯射礼的时候演奏《狸首》，卿大夫放音乐《采蘋》，普通士人就放《采蘩》。

不同阶级的人，有自己专属的 BGM 背景音乐。

不仅如此，各阶层所使用的乐器数量也有明确规定。如果你穿越回周代，想在家里悬挂满乐器，过一把音乐家的瘾，下一秒你大概率会被认为是僭越，有不臣之心，小命难保。

敲黑板，《周礼》中记载，天子可以在大殿四面都挂上各种乐器，诸侯只能三面悬挂，卿大夫二面，士只能孤零零地挂一面。这就是周代的“乐

悬”制度，对于不同阶级的人有着严格的规定。

换句话说，想在家悬满乐器，也不看看自己是哪块小饼干！

曾侯乙编钟

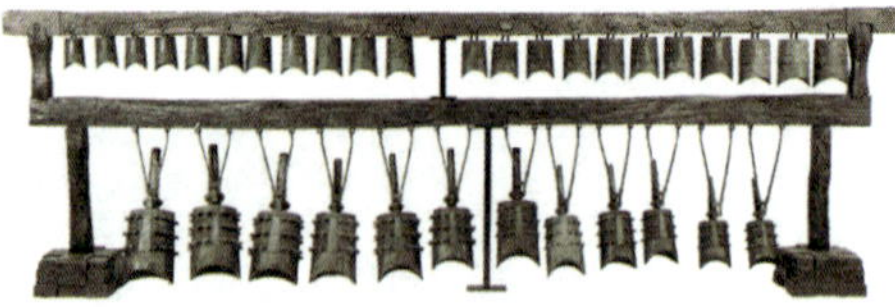

曾侯乙编钟

曾侯乙编琴

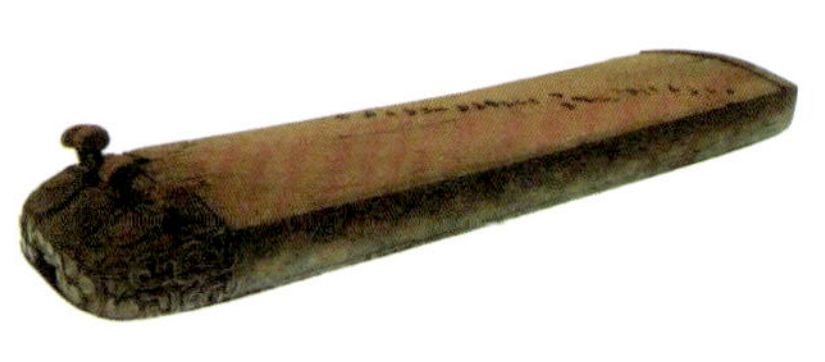

曾侯乙瑟

等到了春秋晚期战国初期的曾侯乙墓，就很不一样了。首先是出土的乐器种类繁多，不仅有编钟、编磬，还有篪、埙 笙、箫、瑟、琴等乐器。曾侯乙编钟、编磬音域宽广，音阶齐备，在当时，简直是领先世界潮流的先进水平。其次，编钟的铸造工艺非常出色，覆瓦型的编钟下方开口为椭圆形，一钟可奏双音。这一技术在汉代之后就已经失传，成了江湖中的传说。

根据文献记载，汉代儒家将孔子整理的《诗经》“诗三百”统称为“雅乐”，《诗经》中的“风”是收集的民间音乐，“雅”是用于宴饮和礼仪的音乐，“颂”是歌颂祖先和圣贤的音乐。简而言之，我们现在读的《诗经》在当时就是宫廷音乐跟民谣歌曲，都属于“雅乐”。

按汉儒的思想，用于宴饮的周代音乐也可以归类为“雅乐”，但是隋唐时期，“雅乐”的意思已经与汉儒的“雅乐”不太一样了。隋唐时，将当时宫廷里流行、本朝编写的音乐打上了“燕乐”的“tag”，至于以前的那些宴饮娱乐音乐，对于唐人来说算是古代音乐了，被归入到了“清乐”这一概念之中。这时候“雅乐”指的就是周代音乐或者自己本朝所撰写的祭祀神灵和祖先的音乐，变得严肃正经了许多。

再后来，许多日本留学生到隋唐学习，被当时的流行歌曲深深吸引，便将这些悦耳好听的“燕乐”带回了日本，形成了日本的“雅乐”。

隋炀帝墓编钟

铜鎏金交龙纽“南吕”编钟

中興禮書第十五卷
吉禮第十五
郊祀樂曲樂章一
紹興十三年六月二十三日禮部言太常寺申將來郊祀大禮合用樂章乞從本寺具合用曲名節次申學士院修撰降下教習詔依續准降下郊祀大禮并前三日朝獻景靈宮前一日朝饗太廟登門肆赦樂章
景靈宮
皇帝入門宮架奏黄鍾宮乾安之曲
維黄皇姑齋蕤居林承蕤神姑其南初林顒蕤顒休昂
顒昂姑龍姑步太雲南趨林華黄光南爛黄如姑精黄
明南之太符黄注林兹南酌应兹南神南人姑用太孚
卷十五　一

《中兴礼书》

欽定四庫全書　卷二
太廟　迎神　太和
於皇於皇兮仰我聖祖　乃武乃文　安内靖外
合四一四尺一尺六尺　一尺工尺　合四一四
為天下大君　粤比隆於古　越彼放勛　肇造王業
一尺工一合　尺合四一四　尺四工合　六尺工尺
佑啓予小孫　功德超邁　太室攸尊　首稱春祀
工尺一合四　工尺一合　六尺工尺　合四一四
誠敬用伸　維神格思　萬世如存

《太常续考》

周代之后，虽然历代都会重建周代礼乐，但只是重建了乐器和礼仪制度，基本上不会保留周代音乐的内容。所以每当改朝换代的时候，旧的流行音乐没人会演奏了，没关系，人们还能创造出新的音乐。于是“雅乐”作为一种乐种，便一直传承到了清代，直到清朝灭亡以后才逐渐失传。

当然，如果你热爱“雅乐”，想对照着历代的文物跟乐谱去重建雅乐，感受一下古代宫廷音乐的高雅，这是完全可以办到的。《中兴礼书》中记载了许多南宋的雅乐曲谱，《太常续考》则记载了明代的雅乐曲谱，拿着这些乐谱仔细研究一番吧，小伙子我看好你！

除了宫中的皇帝喜欢听“雅乐”以外，从古至今的文人士大夫也对音乐情有独钟。这倒不是因为他们有丰富的音乐细胞，而是教科书上的规定：儒家尊崇周礼，传授的六艺头两项就是礼、乐。这相当于今天的高考开设了音乐课程，连基本的乐器都不会用，是会遭到其他士大夫白眼的。

《论语》中曾经记载过一个跟“瑟”有关的故事。

仲由，字子路，是孔门十哲之一。他曾经“好勇力，志伉直，冠雄鸡，佩豭豚，陵暴孔子”，看起来完全就是个非主流的小混混，但是子路在孔子的循循善诱之下，浪子回头，最终成了孔子的弟子。

瑟是演奏周代音乐的重要乐器，偏偏子路演奏得不太好，孔子曾经对他的音乐水平提出了怀疑，导致其他人都有些看不起他。孔子知道以后，改口评论道：“子路的演奏水平其实还不错，只是还没达到更高的境界。”

由此可见，在当时，作为一名乐器盲是非常丢脸的。

除了瑟之外，琴也是备受古代文人喜爱的乐器。根据《史记》记载，孔子曾经跟着鲁国的乐官师襄子学习弹琴，满腹经纶又精通音乐，难怪孔子走到哪儿都极受欢迎。

值得注意的是，从曾侯乙墓出土的琴来看，先秦时代琴的形制与现代的古琴形制是不同的。曾侯乙墓的琴音箱前方有一个长杆，而之后发现的类似乐器音箱的长度逐渐加长，长杆则越来越短。

到了晋代，根据墓葬内砖雕、壁画等文物显示，晋代的琴已经跟现代古琴区别不大了。大家熟知的晋代著名美男嵇康就是一位演奏古琴的高手。

嵇康因为不愿与朝廷合作的态度，最终被朝廷假以借口处以死刑，临刑前他神情自若地演奏了《广陵散》。《广陵散》在当时属于传说中的演奏曲目，是嵇康游玩时偶然得到的古曲，讲述了春秋战国时期聂政刺杀韩国相国韩傀故事：

韩傀与严仲子争权，严仲子被逼逃亡，有人让他找当时鼎鼎大名的侠客聂政帮忙，于是严仲子找到了聂政，想让他制造个大新闻，去刺杀韩国相国韩傀。

聂政表示很感动，然后……拒绝了严仲子。

并不是聂政贪生怕死，而是他当时有母亲赡养，没办法去给严仲子卖命。

被拒绝之后，严仲子没有恼羞成怒，反而继续照顾聂政一家，直到聂政的母亲去世。

母亲去世以后，聂政守孝三年，三年之后，他决心报答严仲子的知遇之恩，于是动手杀死了韩傀。为了不连累其他人，刺杀成功后，眼见逃脱无望，他将自己面容毁坏之后自尽。

这种侠义精神，简直是作词作曲的绝好题材，于是后人以此创作了琴曲《广陵散》，一直流传到晋代。

当时围观嵇康的吃瓜群众有幸听到了《广陵散》的绝音，从此以后，《广陵散》无人会弹，就此失传了。而明代《神奇秘谱》中保留了《广陵散》的古琴谱，不过时代相差久远，很难考证真伪了。

除了美男嵇康是著名的音乐家外，三国时期的吴国大将周瑜也精通音乐，而且他还有点儿强迫症，喝酒听曲时，只要乐手演奏有错误，周瑜一定会发现，他会频频打量这位技术不行的乐手。由于周瑜长相俊美，为了

得到周瑜的另眼相看，不少少女争相弹错，只为求周瑜的回眸一瞥。

在这种外界干扰之下，强迫症周瑜听曲的心情一定不大愉快。

而隋唐之后，随着“燕乐”的兴起，很多由西域传入的乐器也在中国生根发芽，比如琵琶、筚篥等等，都受到了当时人们的热烈欢迎。

日本雅乐仍在保留使用的唐代样式的羯鼓

贵为帝王的唐玄宗李隆基也不例外，他不仅仪表雄伟俊丽，还十分精通音律，尤其擅长演奏由西域传入的羯鼓。

一次唐玄宗见到庭院中杏花含苞欲放，就用羯鼓演奏了《春光好》，演奏结束后，杏花都已绽放，唐玄宗十分得意：“哈哈哈从这件事看，我还挺有当老天爷的潜质的。”

这则“羯鼓催花”的记载可能有夸张的成分，不过侧面说明唐玄宗的音乐水平到了出神入化的境地。

唐代宫廷的燕乐曲目，很多在宋代就演变为了词牌，宋代的文人很多都根据这些词牌来填词创作。因为要根据音乐旋律来填词，对文人的音乐素养要求很高。比如苏轼，虽然是一代文豪，但李清照却吐槽他写词“往往不协音律”。说到底，不懂音乐在大宋文坛是混不开的！

跟苏轼不同，大词人姜夔是一个精通音乐的文人，他写词的时候，还会顺便谱曲，将写词玩出了混搭创新。他给自己十几首词牌都标注了乐谱，这也是目前仅存的宋代词牌的乐谱。这些乐谱中使用了汉字的偏旁、部分加以简化符号化，用来表示音高、装饰音和节奏，因此也被称为半字谱、简字谱。

姜夔还留下了最早的古琴减字谱《古怨》。这种乐谱是将古琴的指法，左手所按的徽位，右手所按的弦简化为几个符号，然后再组合成一个形似汉字的整体。如果以现代人的眼光去看……这些到底是啥？你看不懂没关系，专业人士可以根据这些乐谱，完全地复原宋代的音乐。

古代虽然没有 MP3 跟网易云，但也有非常多动人的音乐。既有用于祭祀和各种仪式的“雅乐”，还有文人士大夫所钟爱的琴瑟之音。而隋唐之后，“燕乐”兴起，宋代的文人又根据“燕乐”演变而来的词牌来填词。想要变成举世闻名的美男，音乐课程千万不能落下哦！

白石道人歌曲卷四

番陽姜夔堯章

自製曲

揚州慢 中呂宮

淳熙丙申至日余過維揚夜雪初霽薺麥彌望入其城則四顧蕭條寒水自碧暮色漸起戍角悲吟予懷愴然感慨今昔因自度此曲千巖老人以為有黍離之悲也

淮左名都竹西佳處解鞍少駐初程過春風十里盡薺麥青青自胡馬窺江去後廢池喬木猶厭言兵漸黃昏清角吹寒都在空城 杜郎俊賞算而今重到須驚縱荳蔻詞工青樓夢好難賦深情二十四橋仍在波心蕩冷月無聲念橋邊紅藥年年知為誰生

長亭怨慢 中呂宮

白石道人歌曲卷四 一

姜夔《白石道人歌曲谱》中的《扬州慢》，曲词旁边的符号就是乐谱

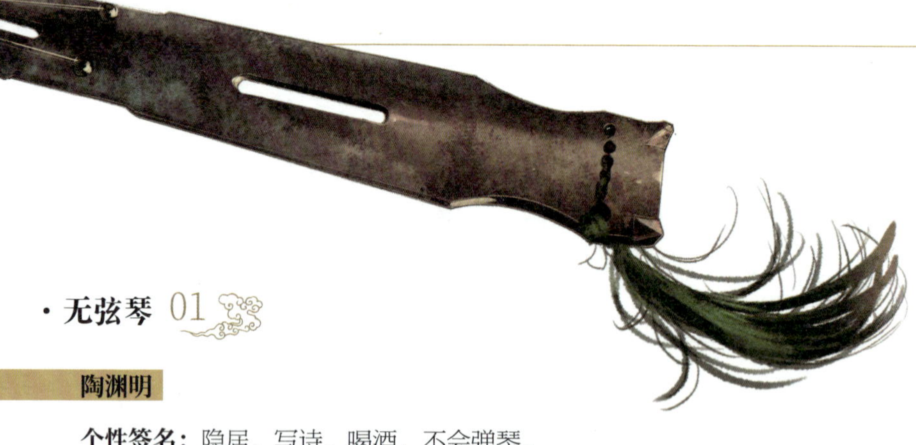

·无弦琴 01

陶渊明

个性签名：隐居、写诗、喝酒，不会弹琴。

演奏难度：★

陶渊明弹琴的场景类似于我们今天的行为艺术——因为他压根就不会弹琴！不会弹琴又想让家里有点音乐氛围，无弦琴你值得拥有。每次喝酒喝嗨了，陶渊明便疯狂地去抚琴，假装自己弹出的是天籁之音。

这张琴的缺点是，如果你家里有客人在场，可能会觉得你是个神经病。

·笛子 02

李暮

个性签名：梨园曲部头牌，吹笛大神，其实只是个乱世中的小人物。

演奏难度：★★

我们现在看电视剧，经常看到忧郁的侠客在竹林中吹笛的场景，唯美至极。在唐朝开元年间，也有一名吹笛高手，他叫李暮，据说他吹笛的时候，天空中的云都消散了，流水草木一片寂静，简直是自带惊天地泣鬼神的音效。

没准当你学会了吹笛技能，就被当时的诗人们写进了“羌笛何须怨杨柳，春风不度玉门关”这样的著名名篇了呢。

想学一门乐器？音乐『大V』在线安利！

文/孟晖

琴乐篇

·羯鼓 03

李隆基

个性签名：我的腰鼓，时尚时尚最时尚！

演奏难度：★★★

羯鼓长得类似我们现代的腰鼓，操作起来简单方便，拿上鼓槌就能来一段即兴演奏。可能有人觉得这乐器有点粗俗，不像文人爱好的东西，事实上，在唐朝时，不管是皇帝还是宰相，都是羯鼓的超级发烧友。

别看打鼓简单，它也有自己的讲究。唐人打羯鼓，讲究手动头不动，如果你打鼓打得手舞足蹈，不好意思，你会被皇家音乐学院开除。

不过当你想跟羯鼓一起来一段激情飞扬的音乐时，小心被邻居投诉扰民哦。

·长颈琵琶 04

阮咸

个性签名：我弹琴，我爱喝酒，但我知道我是个好男人。

演奏难度：★★★★

武则天时期，人们在古墓中发现了一把铜器，长得像琵琶又不完全是，经过专业乐师的鉴定，这玩意是经过改良后的琵琶，而它的主人正是著名音乐家阮咸。当时的人们拿木头重新制作了一把，发现它比普通的琵琶声音要高雅许多，不愧是经过专业“大V”认证的乐器。

长颈琵琶，“竹林七贤”之一的阮咸倾情代言，虽然弹奏起来有难度，不过摆在家里，古风古韵，逼格十足，是古风爱好者的最佳选择。

想学一门乐器？音乐『大V』在线安利！

文/孟晖

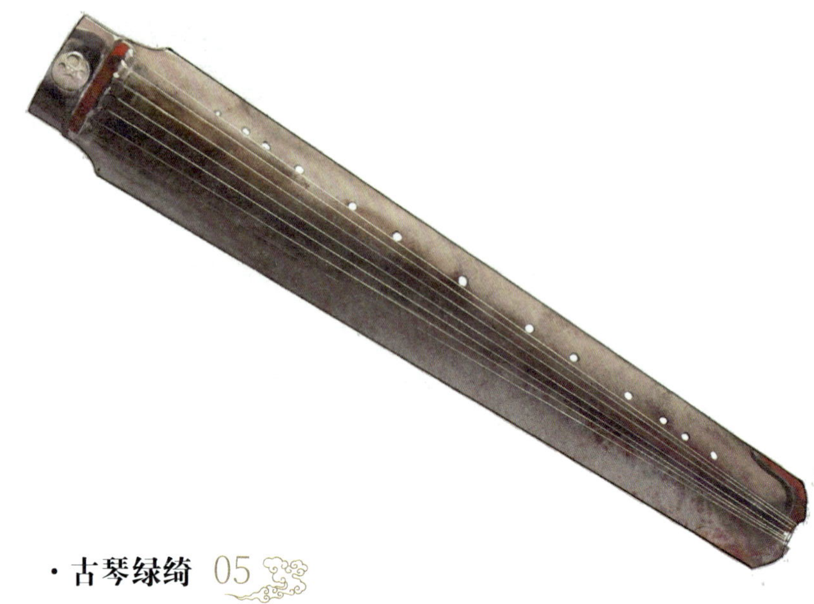

· 古琴绿绮 05

司马相如

个性签名： 大家好，人生赢家就是我。

演奏难度： ★★★★★

掌握一门乐器，不仅可以陶冶自己的情操，有时候还可以成功撩到妹子。

司马相如精通音律，不过他家境一般，买不到什么厉害的乐器。好在司马相如点亮了写诗赋的技能，一篇《如玉赋》让老板梁王心情大好，便把自己收藏多年的琴“绿绮”送给了他。从此，司马相如就走上了自己音乐大V的道路。

一次偶然的机会，他邂逅了白富美卓文君，便发挥自己的特长，演奏了一首《凤求凰》向其表白，最终摆脱了单身狗的命运。

古琴绿绮，能改变你人生的一把琴，不考虑一下吗？

香盘

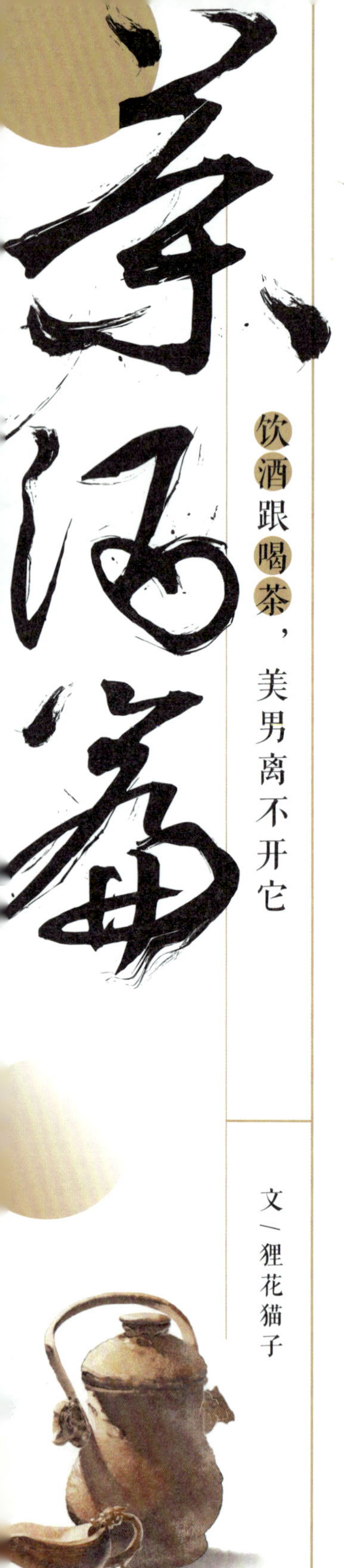

饮酒跟喝茶，美男离不开它

文/狸花猫子

一谈起从前那些爱酒的男人，最先脱口而出的名字里准少不了李白。

“五花马”“千金裘”，都是古代型男撑场面的重要行头，而到了李白眼里，不过是可以买醉的一般等价物罢了。根据《李白酒诗注》，他存世的千余首诗中，跟酒有关的至少有 251 首。一本李太白诗集，只怕拧得出几千斗酒来。

贪杯归贪杯，李白的酒品倒不算坏。喝多了，只是“我歌月徘徊，我舞影零乱”地自嗨一番；也有时，他会客客气气地请朋友先回家，自己就地躺下睡一觉，因此有了“我醉欲眠卿且去，明朝有意抱琴来”。

正是这一联“我醉欲眠卿且去”，何等率真，又与后句形成某种欲擒故纵的趣味，简直神来之笔。

可是，它其实并非李白原创，而是出自另一位知名的酒友——陶渊明。

《昭明文选》里说，陶渊明五音不全，搞了一张无弦琴放在家里。无弦，自然无声。每当喝到有点上头，他就做疯狂抚琴状，在幻想的琴音里陶醉不已。等醉到弹不动了，他就眯着眼对客人说：“我醉欲眠，卿可去。”

这句话就被李白拿去了。

这个故事告诉我们，陶渊明还挺有公德心，知道噪音扰民使不得。不过，他辞官之前，却曾干过一件不怎么靠谱的事。当时彭泽县有 300 亩公田归县令管，陶渊明一听大喜，吩咐：统统给我种秫！

秫，俗称高粱。种高粱干什么？当然是酿酒喽。

还好他老婆孩子理智尚存，坚持要求种稻米，毕竟不喝酒没事，不吃饭可不行。陶渊明这才不情不愿地下令：250 亩种高粱，50 亩种稻米——没错，喝酒在他眼里还是比吃饭重要多了。

县令这个岗位，他只干了 81 天。所以，公田出产的高粱酒，陶渊明没能喝上。

后来的某个重阳节，他在家门外的菊花丛里呆坐了很久。好想来一口小酒，可家里一滴也没有。恰巧，一位朋友送来了他此时最渴望的东西，陶渊明接过就喝了起来，陶陶然，大醉方归。

还有一回，有人目睹了陶渊明自制酒的过程：他摘下葛布头巾来筛酒，筛完，再把湿答答、黏糊糊的头巾扎回脑袋上。

这“葛巾筛酒”究竟是个什么操作呢？

若按《现代汉语词典》，“筛酒”一是使酒热，二是斟酒，显然都跟头巾不沾边。其实，陶渊明的时代还没有蒸馏酒，酒通常是发酵压榨而成。这种酒里混着酒糟杂质，得过滤了才能喝，也就是“筛酒”的原义。每当想起陶渊明脑袋上那条犹然沾着酒糟的湿头巾，我就不得不敬他是一条随心所欲、天真烂漫的汉子。

事实上，与陶渊明比，阮籍酗酒的程度恐怕有过之而无不及。《晋书·阮籍传》记载：正因为听说步兵营的炊事班特别会酿酒，藏着 300 斛佳酿，阮籍心痒不已，才去申请当步兵校尉。这个就业动机相当不纯，不禁让人

揣想：若是有现成的250亩高粱地可以酿酒，不知阮籍肯不肯大手一挥不要了，辞官回家去坐在菊花地里发呆呢？

阮、陶二位，相隔一百五十年，而同病相怜。人生在世不称意，唯有逃遁到酒中，才得以暂时不必面对清醒时的痛苦。然而，这个理由显然解释不了某些人生赢家对酒的迷恋，比如给群臣下诏书时还流着口水念叨葡萄酒的曹丕，又比如我们熟悉的白居易。

跟唐代的其他文豪比，白居易的日子算得上少有的滋润：少年得志，富贵高寿，左拥右抱，名满天下，除了有个元稹让他思念不尽，夫复何求？在数不清的第几首为元稹而写的诗里，白居易记录了这样一个风雅的场景："花时同醉破春愁，醉折花枝作酒筹。"

如今的筵席，已经难觅"酒筹"的踪迹。要明白它是什么东西，还得从"筹"说起。

筹，是一种计数工具，通常是用竹木削成的小棍或小片。酒桌上，饮酒一轮称作一巡：常说的"酒过三巡"，也就是桌上每个人都喝了三次酒。集体喝高之后，难免记岔数字，此时需要用筹来计数。

晋代嵇含在《南方草木状》里就提到过南海的一种越王竹，南方人怜爱它青嫩的颜色，专门用来做酒筹。后来，酒筹的材质扩展到银、象牙、兽骨，上面还要刻写文字。酒友们摇筒掣筹，再按酒筹上的内容来饮酒或做游戏。这类酒筹中最为人熟知的，大约要数红楼群芳开夜宴那一回中的"象牙花名签子"了。而白居易醉醺醺折下的花枝，多半是计数的原始版酒筹吧。

酒使人醉，茶却使人醒。所以，白居易又富于生活经验地写道："举头中酒后，引手索茶时。"喝多了难免不适，那时，就应该要一杯茶来解解酒。

实际上，虽然人人都知道他自号"醉吟"，却未必知道他还自称"别茶人”——善于辨别茶叶好坏的人。《唐才子传》形容他“茶铛酒杓不相离”，可见茶与酒同为他的心头好。白居易的一生，有 63 首诗提及茶事，应属唐代诗人写茶之冠了。他在杭州当太守的时候，曾用灵隐山上的一口井水煮茶喝，自此，那口井就被称为“白公茶井”。

作为一个注重生活品质和情趣的男人，白居易不仅用心寻觅上佳的井水，还曾经扫雪烹茶，留下“闲尝雪水茶”“融雪煮香茗”的诗句。他不光知道甘美的泉水适合酿酒，而且关于不同的水对茶的影响也颇有心得。

五百年后，另一个男人对煎茶用水的要求，则到了近乎强迫症的地步。这个人叫倪瓒，画得一手不见人踪的幽淡山水，养成一身落落寡合的脾性。

为了喝茶，倪瓒每日派小厮去挑七宝泉水。七宝泉号称天下第七泉，水味甘洌。小厮每日挑来两桶泉水，倪瓒却只取前一桶水来煎茶，后一桶水用来洗脚。别人不明其意，他解释道：“小厮一路上会放屁，后一桶水难免被臭气污染，只配用来洗脚。”

这种精致的洁癖，显然不是普通人家供养得起的。倪瓒家富甲江南，且有很深的道教背景，和儒家的入世理想背道而驰。因此，他得以不问世事而吃用不愁，过着古代宅男的理想生活。

身为富贵闲人，倪瓒有大把的时间琢磨茶事。比如，他会深夜前往莲花塘，将含苞未放的莲花拨开，往蕊心放一撮茶，扎好。次日清早把花摘下，倾出茶叶焙干。等到夜深，再去塘中挑一朵莲花，重新把这撮茶放进去……如此重复数天，只为得到“不胜香美”的莲花茶。

有位宋代宗室后裔赵行恕，慕名上门拜访。倪瓒见来人是位王孙，就端上自己的另一项发明——清泉白石茶：将核桃肉、松子仁等东西捏成小白石头状，放进用天下第二的惠泉水烹制的茶汤，故名“清泉白石”。

不料，赵行恕只当是寻常解渴的茶，拿起来连喝几大口，把倪瓒气得当场变色。

妙玉这个人物，说不定便部分脱胎于倪瓒。毕竟，嫌客人脏、在客人走后派小厮洗地洗树，正是倪瓒干出的事儿。面对那位赵王孙，他也极有可能如妙玉一般脱口而出：“你这么个人，竟是大俗人，连水也尝不出来！”

然而，若论文人中最成功的新茶发明家，倪瓒还是要输晚明的张岱一筹。张岱，自称“茶淫”。“淫”字取过度的意思，换言之：别人酗酒，他酗茶。

与倪瓒一样，张岱也是位贵公子，性情却与高冷傲娇的倪瓒截然相反——张岱风流不羁，同三教九流广有交游。他的家乡绍兴出产一种日铸茶，在宋代就已闻名，但到了晚明，京城的茶客只认安徽产的松萝茶，日铸茶无人问津。这就成了张岱研制新茶的动机。

他先花大手笔聘请安徽茶工到绍兴，用松萝茶的制作工艺炒制日铸茶叶，然后用他本人大力宣传过的绍兴禊泉水煮出香味，装入小罐，与茉莉精确配比，冷却后再用滚水冲泡。茶色如同新剥嫩笋，又仿佛山窗初曙，而且香气比原本的日铸茶更佳。

张岱将这种新茶命名为“兰雪”。此茶一出，立刻受到消费者追捧。茶客又开始嫌弃松萝茶，只买兰雪茶，以至于松萝茶反而要冒兰雪茶的名字才卖得出去了。

如此看来，《小窗幽记》所谓“酒类侠，茶类隐”，恐怕并不尽然吧？酒可以是阮、陶避世隐居的面具，茶，也可以是纨绔精心策划的商机。

同为日常饮料，二者自然常被拿来比较。1900年，失传已久的《茶酒论》在莫高窟重见天日。这是一千多年前，一位叫王敷的进士留下的茶酒互争高下的戏笔。

茶嘲讽酒醉人误事，然而，尧不饮千钟，何以成其圣？酒攻击茶贱酒贵，然而，万国来求的战略物资却是茶，而不是酒。

终于，水把骂战不休的茶和酒拉开，劝道：“茶不得水，作何形貌？酒不得水，作甚形容？米曲干吃，损人肠胃；茶片干吃，只粝破喉咙。”一场争执总算消弭。

千载之下，陶令筛酒的手艺已经不传，酒桌上再也不见酒筹。不要说倪瓒的那些独家私房茶，就连曾经畅销晚明茶市的兰雪茶，具体制法也不再为人知晓。惠泉水早已干涸，越王竹如今又安在呢？

我们暂且不拘茶酒，哪怕白开水也行，为这些逝去了的杯中事，和不曾湮灭的姓名，干一杯吧。

· 漏影春 —— 最风雅的茶

推荐人：陶谷

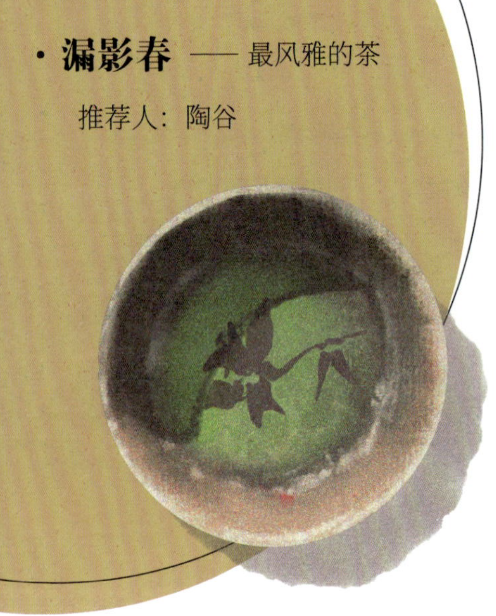

北宋大臣陶谷在《清异录》里记录了一种当时流行的品茶方法：首先，用纸剪出镂空的花纹，铺贴在茶盏中，撒上茶粉；然后拿走剪纸，从剪纸中漏下去的茶粉自然呈现出精美的花朵形状。再在茶盏中摆上荔枝肉做的“叶”，松子、鸭脚做的“蕊”，观赏品评之后，用沸腾的水冲饮。注意了，鸭脚可不是鸭子的脚，而是银杏果的别称。此茶不仅费时间，还考验审美和手工，名为“漏影春”。

乾隆时代，每年最重要的君臣雅集就要数在重华宫举办的三清茶宴了。茶宴上，乾隆让群臣赋诗联句，然后亲自给优秀者赏赐礼物——“三清茶碗”，这是他最爱的花式瓷器，上头环绕着他写的《三清茶》诗，赞美的是他发明的“三清茶”。这款茶要用雪水烹煮梅花、松子和佛手：“梅花色不妖，佛手香且洁。松实味芳腴，三品殊清绝。”乾隆不仅对自己的发明得意不已，还吹爆了“三清茶碗”：我这杯子多么清雅，一点也不输宣德、成化的瓷器呢！

· 三清茶 —— 最高调的发明

推荐人：乾隆

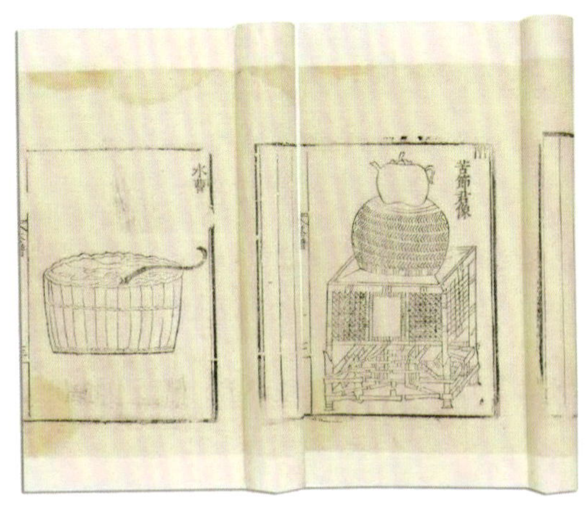

·小龙团茶配惠泉水——最配CP

03

推荐人：苏轼

“小龙团”是书法家蔡襄特制的一款皇室特供茶。茶叶经蒸熟、发酵、压制成圆形，印上龙形花纹。皇帝有时高兴，才会赐给大臣一饼。难怪欧阳修感叹：黄金易得，小龙团难求。苏轼就幸运地得到了一饼。不过，好茶须用好水配，才能喝出好味道。于是，苏轼带着小龙团跑到无锡惠山，用号称“天下第二泉”的惠泉水来烹茶。圆圆的小龙团，仿佛一轮明月从天而降，和清冽甘甜的惠泉水真是天生一对。苏轼喝得飘飘欲仙之时，就写下了“独携天上小团月，来试人间第二泉”，纪念这对绝妙CP。

文/狸花喵子

·王蒙的待客茶——最神烦的茶

04

推荐人：晋惠帝的诸位大臣

晋惠帝时代，有个士大夫叫王蒙，嗜茶成癖。他情商比较低，喜欢把自己的爱好强加给别人：一旦有客人拜访，他就源源不断地奉上自己引以为傲的好茶来招待，还用充满期待的小眼神催着对方喝。然而，当时很多大臣根本喝不惯茶，但上王蒙家做客就必须碍于情面灌一肚子茶回来，简直苦不堪言。于是，人们一听“王蒙有请”，就哭笑不得地说“今日又要遭水厄咯”。“水厄”，就是因水而生的厄运，如今可作为茶的代称。

·羊羔酒——最“荤”的酒

推荐人：雍正

雍正曾经给年羹尧写了一个小纸条，索要一种名字很特别的酒：“宁夏灵州出一羊羔酒，当年进过，有二十年宁夏不进了，朕甚爱饮，寻些来。”其实，羊羔酒早在宋代就已经知名，根据《东京梦华录》，羊羔酒还是东京各种名酒中最昂贵的呢。《本草纲目》中可以寻到此酒的酿制古方，需要用一石米、七斤嫩肥羊肉、一斤杏仁等原料酿制而成。看来，虽然老婆饼里没有老婆，可是羊羔酒里真的有羊羔哦！

金樽，绝对是李白最心水的酒器之一。他是头一个大量运用“金樽”这个词的诗人，除了脍炙人口的名句“莫使金樽空对月”“金樽清酒斗十千”以外，还可以数出不少呢。事实上，唐朝正是中国古代金器制作和使用的“繁荣期”。可是，《唐律疏议》明确规定：“一品以下，食器不得用纯金。”也就是说，李白并不具备用金樽喝酒的资格。他要么是吹牛，要么就是顶风作案啦！

·金樽——最佳酒器

推荐人：李白

酒水茶美男推荐款

文／狸花喵子

·蜀酒 —— 最爱的酒 07

推荐人：杜甫

人人知道李白爱酒，却未必知道杜甫也是个好酒之徒。其实，杜甫诗中提到酒的比例并不亚于李白。他寄身于成都浣花溪畔的草堂时，爱上了当地的酒，写诗赞美道“蜀酒浓无敌”（《戏题寄上汉中王三首》）。酒瘾上来了，手头却不宽裕，只好感叹“蜀酒禁愁得，无钱何处赊”（《草堂即事》）——“好想喝蜀酒啊！可是没有钱，能不能先欠着呢？”甚至有时候，杜甫只能觍着脸“时时乞酒钱”（《戏简郑广文兼呈苏司业》），借到了钱，头一件事就是上酒馆去打两壶咯。

·山西汾酒 —— 最“狠”的酒 08

推荐人：袁枚

《随园食单》中，袁枚在一众以清、甜著称的低度酒之后，谈到了火辣辣的烧酒，并给出四个字的犀利点评：“以狠为佳。”在袁枚眼中，烧酒，仿佛人中之光棍、县中之酷吏。还记得黛玉吃了点螃蟹，觉得心口疼，就认为“须得热热地喝口烧酒”吗？没错，黛玉很会养生，要是想喝一杯驱风寒、消积滞，非烧酒不可。而烧酒中最当得起“狠”这个字的，非汾酒莫属。不过，虽说酒越陈越佳，但汾酒并不能存放超过十年。否则酒色变绿，上口转甜，仿佛当光棍当太久了，失去了热辣的火气，酒就不妙了。

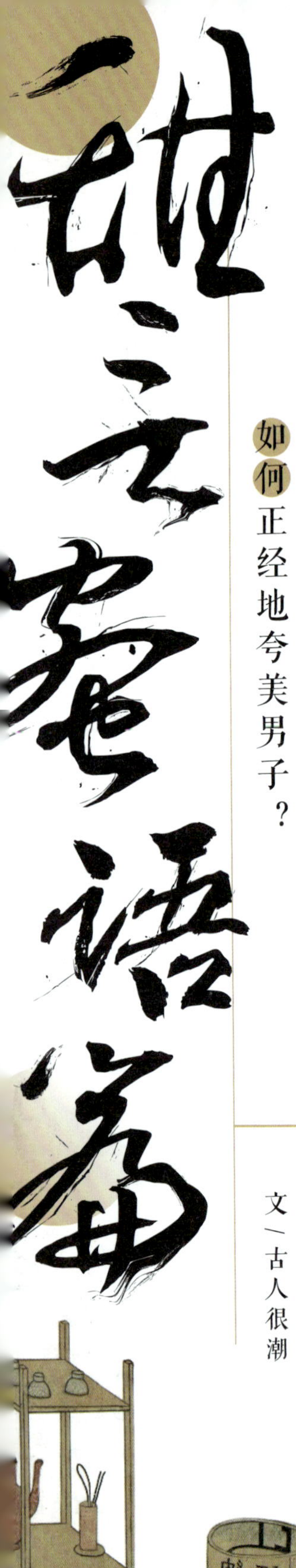

如何正经地夸美男子？

文／古人很潮

好不容易穿越回了古代，远远瞧见一名大帅哥朝着你走来，你挖空心思，终于想出了一句：“那小子真帅！”

帅哥没搭理你，径自走了。

不怪帅哥太高冷，只是你这种搭讪方式，在古代基本上是要“注孤生”的。先不说语言通不通的问题，在古代，“帅”字压根不是形容男子外貌的词。

要想开外挂，先得有文化。你绞尽脑汁，拼命回忆曾经背过的古诗文，脑海中似乎有什么东西一闪而过——

瞻彼淇奥，绿竹猗猗。有匪君子，如切如磋，如琢如磨。瑟兮僩兮，赫兮咺兮。有匪君子，终不可谖兮。

瞧瞧，先秦时代选拔美男的标准还是很高的。不仅要长得一表人才，还得品德好，德智体美劳全面发展，中看不中用的绣花枕头是不受欢迎的。

“如切如磋，如琢如磨”，别怀疑，当你拿这句话来赞美你的古代爱豆时，他一定会感动得涕泪纵横，并迅速地记住你的名字。

如果觉得《诗经》里的句子太拗口，你

还可以考虑考虑下面这首《咏怀诗》：

昔日繁华子，安陵与龙阳。夭夭桃李花，灼灼有辉光。
悦怿若九春，磬折似秋霜。流盼发姿媚，言笑吐芬芳。
携手等欢爱，宿昔同衾裳。愿为双飞鸟，比翼共翱翔。
丹青著明誓，永世不相忘。

这首诗的作者，是魏晋著名“大V”美男子阮籍。安陵君和龙阳君的仰慕者数不胜数，连楚宣王都对他们迷恋不已。看似放荡不羁的阮籍，夸起他们来嘴跟抹了蜜似的甜：过去最美貌的男子，要数安陵君和龙阳君了。他们的面庞像桃花一样美艳，浑身散发着灼灼的光芒。当他微笑时，仿佛春风拂过大地一般明亮；当他忧伤时，像秋风扫落叶般的颓丧。他们的目光，流转顾盼间明媚生辉，谈吐间芳馨四溢，令人忍不住想亲近。

先秦那个年代，没有化妆品加成，也不流行吃五石散，100% 纯天然美男，值得夸赞。

以后如果你想夸自己的偶像美貌非凡，“夭夭桃李花，灼灼有辉光”这句绝对能派上用场。

阮籍的好朋友，同为竹林七贤的嵇康，也是当时的知名美男。官方盖章的《晋书》中记载嵇康长这样：

身长七尺八寸，美词气，有风仪，土木形骸，不自藻饰，人以为龙章凤姿，天质自然。

一般来说，史书里描写人外貌时都比较惜字如金，“眉目疏秀”“英武”这几个字就足够了，有时候如霍去病这样的名人都压根找不到外貌描

写，徒留一众粉丝空遐想。但到了嵇康这儿，《晋书》仿佛码字不要钱似的，一会说嵇康身材高大威猛，一会夸他容貌俊美风度翩翩，不加修饰却有龙凤之姿……作为史书，这是不是描述得有点夸张？

嵇康的哥哥嵇喜表示，自己的弟弟就是帅——正尔在群形之中，便自知非常之器。

只要在人群中看了他一眼，就再也忘不掉他的容颜。你可能心想，这有什么了不起的，现在的小鲜肉哪个不是颜值高出普通人一截？

要知道，魏晋南北朝可是一个“以貌取人”的时代，那时候人人都十分注重美容养生，化妆更是上流社会男士必不可少的技能。自然朴实的嵇康混在这群精致男神中，效果大概相当于你素颜去参加明星云集的“party”，结果还艳压全场，就问你厉害不厉害？

作为美男，不仅要五官长得好，整体的风度气质也十分重要。若是想夸奖自家爱豆长得好且气质超群，快拿出小本本，记下“美词气”“有风仪”“龙章凤姿”“天质自然”这几个关键词。

大家都知道先秦魏晋出美男，其实唐朝也有不少令人神往的美少年。权德舆《送崔端公郎君入京觐省》中就有这样一位翩翩美少年：

已见风姿美，仍闻艺业勤。清秋上国路，白皙少年人。

带月轻帆疾，迎霜彩服新。过庭若有问，一为说漳滨。

“风姿美”这词听起来有些耳熟，这是魏晋男神的标配词，没什么特别的。后面几句描写比较令人神往：这位白皙的美少年，骑着高头大马赶路，他身姿轻盈，披星戴月地朝着你走来。

快擦擦口水，在男神面前不要这么丢人。

风姿美、艺业勤、白皙少年人……这不正是人见人爱的小鲜肉弟弟们？

下次有人问你怎么评价自家偶像，请立刻甩出这首诗。

夸完男神的相貌跟气质，感觉还不太够怎么办？作为一名勤奋好学的小迷妹，可以来看看李贺的《荣华乐》：

鸢肩公子二十余，齿编贝，唇激朱。

气如虹霓，饮如建瓴，走马夜归叫严更。

美男的身材、气质、眼睛都被文人墨客们夸完了，李贺反其道而行，找了一个刁钻的角度：夸奖人的牙齿跟嘴巴。

这位高大威猛的公子齿如编贝，唇若涂朱，气势恢宏，妥妥的是个万人迷。

这一堆古诗词背得你有些眼冒金星，其实真正的大招还在后面呢。前方曹雪芹大大正在向你招手，他能助你撩到男神，走上人生巅峰。

让我们来看看曹雪芹在《红楼梦》中对贾宝玉的外貌描写：

面若中秋之月，色如春晓之花，鬓若刀裁，眉如墨画，面如桃瓣，目若秋波。虽怒时而若笑，即嗔视而有情。

高手就是高手！看这一段话，不仅面面俱到，而且夸人都不带重样的：

面色→中秋之月，春晓之花；

发型→鬓若刀裁；

眉毛→眉如墨画；

颜值→面如桃瓣；

眼神→目若秋波；

神情→虽怒时而若笑，即嗔视而有情。

这一连串令人眼花缭乱的形容词下来，贾宝玉花样美少年的形象跃然纸上，你只恨不能穿越到书里亲自去一探究竟。不好意思，我们暂时不提供穿书服务，只能靠你脑补脑补了。

若是觉得上面方法这些都太复杂，还有百试百灵的一招教给你：蹭名人热度。

当你看到自己的偶像时，激动得大脑一片空白，连组织几句连贯的话都感到困难，更别说拽什么古诗词了。别慌，虽然你胸无点墨，但是完全可以站在巨人的肩膀上前行嘛！

你掐指一数，古代的知名美男实在太多了，潘安（潘郎）、宋玉、嵇康、卫玠……随便抓一个出来都是美得不要不要的。

这时候，你大可以清新脱俗地来一句：“好一个潘郎／宋玉／嵇康在世啊！”

这么多夸人的办法，你学会了吗？

猜心测试：
谁是你古代的男朋友

出题人：老鼠吱吱

1. 这一天，正在上班的你突然穿越了。好消息是，你是丞相之女，坏消息是，丞相疯了。你当下优先考虑的是：

A. 本月下班的考勤打卡怎么办——2

B. 有病就要治，寻找江湖郎中——3

2. 你心心念念的都是考勤和本月奖金，一旁的下人听你嘀嘀咕咕地念着听不懂的话，面色惊恐，窃窃私语："小姐也疯了！"众人以为疯病会传染，都不敢靠近你了。你决定：

A. 多说多错，先冷静一段时间看看——跳转 4

B. 离家出走，索性出门闯荡江湖——跳转 5

3. 在家待了一段时间，你忙着给丞相找医生，可找来的大夫你都很不满意，他们不仅没有基本的医学常识，连消毒概念都没有！这天接连来了三个跳大神的，都说可以治好，你无奈死马当作活马医，让三个人一起跳。丞相府从此成了广场舞天地，你跟着一起每天载歌载舞。这时，突然有客人登门拜访，你觉得来的人是：

A. 名震江湖的一代神医——跳转 6

B. 拿着圣旨的宫中太监——跳转 7

4. 你冷静了下来，众人也渐渐靠近了你。因为丞相疯了，家里的光景并不好，你每日不练琴，也不刺绣，更不练字，连上门提亲的人都没有。就这么混了半个月，娘亲实在看不下去，强行给你订了一门婚事，你认为对方是：

A. 王爷家不谙世事的白痴庶子——跳转 8

B. 富商家精明能干的财阀商人——跳转 9

5. 闯荡江湖三天，因布鞋走路十分磨脚，你只走出了离家两条巷子远的小面摊，且根本没有人来寻找，你决定：

A. 选择回家才不是因为肚子饿了！是因为孝心——跳转 3

B. 想办法换双草鞋——跳转 10

6. 面前这位正是有名的神医，和之前那些江湖郎中不一样，他不到一炷香的时间就下了诊断：丞相没疯。你将信将疑，神医十分温柔，而你不屑一顾，觉得他没那么简单。一次你因为贪嘴半夜上吐下泻，他拿着药箱赶来，你觉得：

A. 一定是来害我的！——跳转 F

B. 神医快救我狗命！——跳转 C

7. 来的是一道宫中的圣旨，你被皇上看中，要进入宫中。不知怎么，你觉得丞相松了口气。可你头疼不已，你看过不少影视剧，进宫的日子可没那么好过。于是进入皇宫的你决定：

A. 宫斗一时爽，一直宫斗一直爽——跳转 B

B. 做个女主命的清新脱俗傻白甜——跳转 E

8. 你不情不愿地嫁给了白痴王爷，但很快你发现他并不傻，只是为人太过直接。他和你一样，没有太多野心，只想安稳快乐地度过一生，很快你们便一起去厨房偷零食吃。天有不测风云，你家依然被皇帝降罪，你爹装疯依然没能躲过这次灾祸，连同你也要被流放边疆。这时你决定：

A：告诉他一齐面对——跳转 D

B：趁着深夜偷偷逃跑——跳转 10

9. 你下嫁给了一位商人，他事务繁忙，你乐得一个人清闲。常言道和气生财，他也总是一副笑眯眯的样子，下人们都觉得他是一位好主顾。直到你有天发现他的书房有个暗室，才发觉他没有那么简单，他似乎在密谋什么勾当，而你决定：

A. 人生在世，难得糊涂——跳转 E

B. 哇难道是在给我准备什么惊喜——跳转 B

10. 你拿身上的首饰换了钱财，买了一双草鞋。你决心不再回头，毅然决然地走近了这个离奇古怪的世界。一路上你遇到了许多有趣的事，也曾有过艰难时刻，但有惊无险一直活得潇潇洒洒。江湖中也有人对你示爱，而你的态度是：

A. 大家都是好兄弟！来来来一起干了这杯酒！——跳转 F

B. 选择一个与自己志趣相投，一起闯荡江湖的人——跳转 A

A. 潇洒自由型：嵇康

你是一个孤独脆弱的人，表面看似阳光，实则内心常常感到孤单，只有广阔天地能够容纳你，你的心灵属于自由。

B. 腹黑冷静型：宋文公

你是一个孤独脆弱的人，表面看似阳光，实则内心常常感到孤单，只有一个真正懂你的人在背后默默付出，才能够走近你的心。

C. 温柔如风型：王维

你是一个孤独脆弱的人，表面看似阳光，实则内心常常感到孤单，你对他人一向温柔，却常常忽略了自己，这样的人能将你好好对待。

D. 热情忠犬型：赵云

你是一个孤独脆弱的人，表面看似阳光，实则内心常常感到孤单，只有一个小太阳能够温暖你，让你感到久违的安全感。

E. 霸道总裁型：慕容冲

你是一个孤独脆弱的人，表面看似阳光，实则内心常常感到孤单，只有足够强势主动，又足够优秀，才能让总是被动的你开始努力哦。

F. 恋爱是不可能恋爱的，这辈子都不可能的

你是一个孤独脆弱的人，表面看似阳光……呸！实则你内心就是真的一个人快乐到不行！所有人都以为你很想找个恋人，谁也不知道你一个人每天躲在被窝里偷笑。

更多延展阅读

关注“古人很潮”微信公众号

有态度、有料的历史趣味科普

图书在版编目(CIP)数据

公子世无双 / 古人很潮 编著.
—武汉:长江出版社,2019.6
ISBN 978-7-5492-6483-4
Ⅰ.①公… Ⅱ.①古… Ⅲ.①名人-生平事迹-中国
Ⅳ.①K82
中国版本图书馆CIP数据核字(2019)第100894号

公子世无双 / 古人很潮 编著

出　　版	长江出版社 (武汉市解放大道1863号　邮政编码:430010)		
选题策划	陈　辉　郭　昕		
市场发行	长江出版社发行部		
网　　址	http://www.cjpress.com.cn		
责任编辑	赖　晨　梅雨龙		
特约编辑	郭　昕		
总 编 辑	熊　嵩		
执行总编	罗晓琴	**开　本**	710mm × 1120mm　1 / 16
装帧设计	汪芝灵	**印　张**	13
印　　刷	武汉鸿印社科技有限公司	**字　数**	170千字
版　　次	2019年6月第1版	**书　号**	ISBN 978-7-5492-6483-4
印　　次	2025年3月第33次印刷	**定　价**	42.80元

电话:027-82926557(总编室)　027-82926806(市场营销部)